Wytyczne OECD dla przedsiębiorstw wielonarodowych dotyczące odpowiedzialnego prowadzenia działalności biznesowej

OECD
BETTER POLICIES FOR BETTER LIVES

Zmiany wprowadzone w 2023 r. do Wytycznych OECD dla przedsiębiorstw wielonarodowych dotyczących odpowiedzialnego prowadzenia działalności biznesowej zostały przyjęte przez Państwa wdrażające Deklarację w sprawie inwestycji międzynarodowych oraz przedsiębiorstw wielonarodowych [OECD/LEGAL/0144]. Decyzja w sprawie Wytycznych OECD dla przedsiębiorstw wielonarodowych dotyczących odpowiedzialnego prowadzenia działalności biznesowej [OECD/LEGAL/0307] została przyjęta przez Radę OECD na szczeblu ministerialnym. Komentarze do obu dokumentów zostały zatwierdzone przez Komitet Inwestycyjny OECD. Za opublikowaną Przedmowę odpowiedzialność ponosi Sekretarz Generalny OECD i niekoniecznie odzwierciedla ona oficjalne opinie Państw Członkowskich OECD.

Niniejszy dokument, jak również wszelkie zawarte w nim dane i mapy nie stanowią uszczerbku dla statusu lub zwierzchnictwa nad żadnym terytorium, wytyczonych granic państwowych ani dla nazwy jakiegokolwiek terytorium, miasta lub obszaru.

Proszę cytować tę publikację jako:
OECD (2024), *Wytyczne OECD dla przedsiębiorstw wielonarodowych dotyczące odpowiedzialnego prowadzenia działalności biznesowej*, OECD Publishing, Paris, https://doi.org/10.1787/9fe6d8dc-pl.

ISBN 978-92-64-33873-9 (Wersja drukowana)
ISBN 978-92-64-68841-4 (PDF)

Oryginalny tytuł: OECD (2023), *OECD Guidelines for Multinational Enterprises on Responsible Business Conduct*, OECD Publishing, Paris, https://doi.org/10.1787/81f92357-en.
Tłumaczenie to zostało zlecone przez Dyrekcję ds. Finansów i Przedsiębiorstw, a OECD nie może zagwarantować jego dokładności. Jedynymi oficjalnymi wersjami są teksty w języku angielskim i/lub francuskim.

Sprostowania do publikacji OECD można znaleźć pod adresem: www.oecd.org/about/publishing/corrigenda.htm.

Przedmowa

Wytyczne OECD dla przedsiębiorstw wielonarodowych dotyczące odpowiedzialnego prowadzenia działalności biznesowej (Wytyczne OECD) stanowią wspólne zalecenia kierowane przez rządy do przedsiębiorstw wielonarodowych, mające na celu zwiększenie wkładu biznesu w zrównoważony rozwój i reagowanie na negatywne skutki związane z działalnością biznesową dla ludzi, planety i społeczeństwa. *Wytyczne OECD* wspomaga wyjątkowy mechanizm wdrażający, jakim są Krajowe Punkty Kontaktowe OECD ds. odpowiedzialnego biznesu (KPK OECD) tworzone przez rządy w celu skutecznego wdrażania *Wytycznych OECD*.

Od momentu przyjęcia *Wytycznych OECD* w 1976 r. były one kilkukrotnie aktualizowane w celu zachowania ich aktualności w kontekście wyzwań stojących przed społeczeństwami i zmieniającego się kontekstu biznesu międzynarodowego. Aktualizacja wprowadzona w 2023 r. odzwierciedla dekadę doświadczeń od momentu poprzedniej aktualizacji, która miała miejsce w 2011 r., w odpowiedzi na pilne wyzwania społeczne, środowiskowe i technologiczne, z jakimi społeczeństwa i biznes miały do czynienia. Główne zmiany obejmują:

- zalecenia dla przedsiębiorstw dotyczące realizacji uzgodnionych na szczeblu międzynarodowym celów w zakresie zmian klimatu i różnorodności biologicznej;
- uwzględnienie oczekiwań związanych z należytą starannością w zakresie rozwoju, finansowania, sprzedaży, licencjonowania, handlu i wykorzystania technologii, w tym gromadzenia i wykorzystania danych;
- zalecenia dotyczące oczekiwanego od przedsiębiorstw sposobu wdrażania należytej staranności w odniesieniu do skutków prowadzenia przez przedsiębiorstwa działalności biznesowej oraz relacji biznesowych związanych z ich produktami i usługami;
- lepszą ochronę osób oraz grup osób narażonych na ryzyko, w tym ochronę osób oraz grup osób zgłaszających obawy dotyczące działalności przedsiębiorstw;
- zaktualizowane zalecenia dotyczące ujawniania informacji na temat odpowiedzialnego prowadzenia działalności biznesowej;
- zalecenia dotyczące należytej staranności w odniesieniu do wszystkich form korupcji;
- zalecenia dla przedsiębiorstw mające na celu zapewnienie zgodności działań lobbingowych z *Wytycznymi OECD*;
- wzmocnione procedury mające na celu zapewnienie widoczności, skuteczności działania oraz równowagi funkcjonalnej Krajowych Punktów Kontaktowych OECD ds. odpowiedzialnego biznesu.

Aktualizacja została przeprowadzona przez 51 państw wdrażających Deklarację OECD w sprawie inwestycji międzynarodowych oraz przedsiębiorstw wielonarodowych oraz Unię Europejską, uczestniczących w Grupie roboczej OECD ds. odpowiedzialnego prowadzenia działalności biznesowej oraz w Komitecie Inwestycyjnym OECD. Dużą korzyścią dla aktualizacji było aktywne zaangażowanie interesariuszy instytucjonalnych OECD, tj. Biznes w OECD (BIAC), Komitet Doradczy OECD ds. Związków Zawodowych (TUAC) oraz OECD Watch, reprezentujących opinie milionów przedstawicieli środowiska biznesowego, pracowników i społeczeństwa obywatelskiego w całym świecie. Proces ten obejmował także dwukrotnie przeprowadzone otwarte konsultacje publiczne dla zainteresowanych interesariuszy z całego świata.

Zmiany w poszczególnych rozdziałach tematycznych niniejszych *Wytycznych OECD* wprowadzono w konsultacji i we współpracy z organami OECD i ich odpowiednimi Sekretariatami, w tym z Komitetem ds. Konkurencji, Komitetem ds. Polityki Konsumenckiej, Komitetem ds. Ładu Korporacyjnego, Komitetem Pomocy Rozwojowej, Komitetem ds. Polityki w zakresie Gospodarki Cyfrowej, Komitetem ds. Zatrudnienia, Pracy i Spraw Społecznych, Komitetem ds. Polityki Środowiskowej, Komitetem ds. Rynków Finansowych, Komitetem do Spraw Podatkowych, Komitetem ds. Przemysłu, Innowacji i Przedsiębiorczości, Komitetem ds. Ubezpieczeń i Emerytur Prywatnych, Komitetem ds. Polityki Naukowej i Technologicznej, Komitetem ds. MŚP oraz Przedsiębiorczości, Komitetem ds. Handlu, Grupą roboczą ds. przekupstwa w międzynarodowych transakcjach handlowych oraz z Grupą roboczą ds. uczciwości funkcjonariuszy publicznych wyższego szczebla.

Aktualizacja *Wytycznych OECD* uzyskała całkowite poparcie Centrum OECD ds. odpowiedzialnego prowadzenia działalności biznesowej przy Dyrekcji Generalnej ds. Gospodarczych i Finansowych.

Spis treści

Śledź publikacje OECD na:

https://twitter.com/OECD

https://www.facebook.com/theOECD

https://www.linkedin.com/company/organisation-eco-cooperation-development-organisation-cooperation-developpement-eco/

https://www.youtube.com/user/OECDiLibrary

https://www.oecd.org/newsletters/

Deklaracja w sprawie inwestycji międzynarodowych oraz przedsiębiorstw wielonarodowych

RZĄDY PAŃSTW WDRAŻAJĄCYCH WYTYCZNE OECD[1]

ZWAŻYWSZY, ŻE:

- inwestycje międzynarodowe mają istotne znaczenie dla gospodarki światowej i znacznie przyczyniły się do rozwoju poszczególnych państw;
- przedsiębiorstwa wielonarodowe odgrywają istotną rolę w tym procesie inwestycyjnym;
- współpraca międzynarodowa może pozytywnie wpływać na atmosferę inwestycji zagranicznych i zachęcić do ich realizacji, co przedsiębiorstwa wielonarodowe mogą wykorzystać na rzecz postępu gospodarczego, społecznego i środowiskowego, a także zminimalizować i rozwiązać ewentualne trudności pojawiające się w ramach ich działalności;
- korzyści ze współpracy międzynarodowej są wzmacniane poprzez uwzględnianie kwestii odnoszących się do inwestycji międzynarodowych i przedsiębiorstw wielonarodowych za pośrednictwem wyważonych ram powiązanych ze sobą instrumentów;

DEKLARUJĄ, ŻE:

Wytyczne dotyczące przedsiębiorstw wielonarodowych

I. Wspólnie zalecają przedsiębiorstwom wielonarodowym, prowadzącym działalność na swoich terytoriach lub ze swoich terytoriów, przestrzeganie niniejszych *Wytycznych OECD*, jak określono w Załączniku 1 do niniejszego dokumentu[2], z uwzględnieniem postanowień i ustaleń wskazanych w Przedmowie, stanowiącej integralną część *Wytycznych OECD*.

Traktowanie krajowe

II. 1. Mając na uwadze utrzymanie porządku publicznego, ochronę interesów bezpieczeństwa i wywiązywanie się ze zobowiązań w zakresie pokoju i bezpieczeństwa międzynarodowego, rządy państw wdrażających *Wytyczne OECD* powinny zapewnić przedsiębiorstwom prowadzącym działalność na ich terytoriach i będącym własnością tych państw lub podlegającym kontroli bezpośrednio lub pośrednio przez obywateli innego państwa wdrażającego *Wytyczne OECD* (dalej: „przedsiębiorstwa kontrolowane przez jednostki zagraniczne") traktowanie zgodnie z przepisami prawa, regulacjami i praktykami administracyjnymi zgodnymi z przepisami prawa międzynarodowego oraz traktować takie

[1] Na dzień 8 czerwca 2023 r. do grona państw wdrażających *Wytyczne OECD* należały wszystkie państwa członkowskie OECD, jak również Argentyna, Brazylia, Bułgaria, Chorwacja, Egipt, Jordania, Kazachstan, Maroko, Peru, Rumunia, Tunezja, Ukraina i Urugwaj. Wspólnota Europejska została zaproszona do przyłączenia się do części o krajowym traktowaniu w sprawach wchodzących w zakres jej kompetencji.

[2] Tekst *Wytycznych dla przedsiębiorstw wielonarodowych dotyczących odpowiedzialnego prowadzenia działalności biznesowej* umieszczono w Części I niniejszej publikacji.

przedsiębiorstwa na równi z przedsiębiorstwami krajowymi (dalej: „traktowanie krajowe").

2. Rządy państw wdrażających *Wytyczne OECD* rozważą stosowanie „traktowania krajowego" w stosunku do państw niebędących państwami wdrażającymi *Wytyczne OECD*.
3. Rządy państw wdrażających *Wytyczne OECD* będą dążyć do tego, aby ich jednostki terenowe postępowały zgodnie z zasadą „traktowania krajowego".
4. Niniejsza Deklaracja nie dotyczy prawa rządów państw wdrażających *Wytyczne OECD* do regulacji napływu inwestycji zagranicznych ani warunków zakładania przedsiębiorstw zagranicznych.

Sprzeczne wymagania

III. Rządy państw wdrażających *Wytyczne OECD* będą współpracować w celu uniknięcia lub ograniczenia do minimum nakładania sprzecznych wymogów na przedsiębiorstwa wielonarodowe oraz uwzględniać ogólne aspekty i praktyczne podejścia określone w Załączniku nr 2 do niniejszego dokumentu[3].

Czynniki zachęcające i zniechęcające do inwestycji międzynarodowych

IV. 1. Rządy państw wdrażających *Wytyczne OECD* uznają potrzebę wzmocnienia współpracy w zakresie bezpośrednich inwestycji międzynarodowych.

2. Uznają również potrzebę nadania stosownej wagi interesom rządów państw wdrażających *Wytyczne OECD*, podlegającym określonym przepisom prawa, regulacjom i praktykom administracyjnymi w tym zakresie (dalej: „środki"), zapewniając oficjalne zachęty i środki zniechęcające do bezpośrednich inwestycji międzynarodowych.
3. Rządy państw wdrażających *Wytyczne OECD* dołożą starań, aby zapewnić możliwie jak największą przejrzystość wymienionych wyżej środków, umożliwiając w ten sposób ustalenie ich znaczenia i celu oraz łatwy dostęp do informacji na ten temat.

Procedury przeprowadzania konsultacji

V. Rządy państw wdrażających *Wytyczne OECD* są gotowe do konsultowania się nawzajem w powyższych kwestiach zgodnie ze stosownymi Decyzjami Rady.

Przeglądy

VI. Rządy państw wdrażających *Wytyczne OECD* będą poddawały powyższe kwestie okresowym przeglądom w celu zwiększania efektywności międzynarodowej współpracy gospodarczej rządów państw wdrażających *Wytyczne OECD* w sprawach związanych z inwestycjami międzynarodowymi i przedsiębiorstwami wielonarodowymi.

[1] Załącznik nr 2 można znaleźć w pełnej wersji Deklaracji w sprawie inwestycji międzynarodowych i przedsiębiorstw wielonarodowych, udostępnionej na stronie OECD: https://legalinstruments.oecd.org/en/instruments/OECD-LEGAL-0144.

Część I: Wytyczne OECD dla przedsiębiorstw wielonarodowych dotyczące odpowiedzialnego prowadzenia działalności biznesowej

Tekst i komentarz

Wstęp

1. *Wytyczne OECD dla przedsiębiorstw wielonarodowych dotyczące odpowiedzialnego prowadzenia działalności biznesowej* (*Wytyczne OECD*) stanowią zalecenia adresowane przez rządy do przedsiębiorstw wielonarodowych. Wspólnym celem państw wdrażających *Wytyczne OECD* jest przyczynienie się do pozytywnego udziału przedsiębiorstw w rozwoju gospodarczym, środowiskowym i społecznym oraz ograniczenie do minimum negatywnych skutków dla kwestii ujętych w *Wytycznych OECD*, które mogą być związane z działalnością, produktami i usługami przedsiębiorstwa. Odpowiedzialne prowadzenie działalności biznesowej może umożliwiać zapewnienie równych szans na światowych rynkach, sprzyjać dynamicznemu i sprawnemu funkcjonowaniu działalności biznesowej oraz zwiększać wkład biznesu w osiąganie zrównoważonego rozwoju, w tym rozwiązań ukierunkowanych na przeciwdziałanie zmianom klimatu i reagowanie na te zmiany.
2. *Wytyczne OECD* stanowią część *Deklaracji OECD w sprawie inwestycji międzynarodowych i przedsiębiorstw wielonarodowych* [OECD/LEGAL/0144]. Państwa wdrażające *Wytyczne OECD* podejmują wiążące zobowiązanie do zwiększania efektywności zgodnie z *Decyzją Rady w sprawie Wytycznych OECD dla przedsiębiorstw wielonarodowych dotyczących odpowiedzialnego prowadzenia działalności biznesowej* [OECD/LEGAL/0307]. Krajowe Punkty Kontaktowe OECD ds. odpowiedzialnego biznesu odgrywają w tym zakresie istotną rolę.
3. *Wytyczne OECD* mają zachęcać do odpowiedzialnego prowadzenia handlu i inwestycji, aby tym samym pomnażać korzyści płynące z handlu i inwestycji poprzez nieustanne zaangażowanie i doskonalenie na wszystkich rynkach świata. Handel i inwestycje międzynarodowe umacniają i pogłębiają powiązania pomiędzy państwami i regionami świata oraz generują znaczące korzyści potrzebne społeczeństwom do osiągania wyników w zakresie zrównoważonego rozwoju, w tym tworzenia większej liczby i bardziej atrakcyjnych stanowisk pracy, rozwoju umiejętności, dostarczania produktów i usług poprawiających standardy życia oraz dostępu do finansowania i technologii niezbędnych do transformacji cyfrowej i ekologicznej .
4. *Wytyczne OECD* wyrażają wspólne oczekiwania państw wdrażających *Wytyczne OECD* w zakresie odpowiedzialnego prowadzenia działalności biznesowej przedsiębiorstw prowadzących działalność w swoich krajach lub z ich terytorium oraz stanowią miarodajny punkt odniesienia dla przedsiębiorstw i innych interesariuszy. *Wytyczne OECD* zalecają, aby przedsiębiorstwa wdrażały należytą staranność w oparciu o analizę ryzyka w celu identyfikowania faktycznych i potencjalnych negatywnych skutków, zapobiegania tym skutkom i ich łagodzenia, a także ponoszenia odpowiedzialności za to, w jaki sposób radzą sobie z takimi skutkami w przypadku kwestii objętych *Wytycznymi OECD*. W tym względzie *Wytyczne OECD* zarówno uzupełniają, jak i wzmacniają działania zarówno o charakterze prywatnym, jak i publicznym, mające na celu definiowanie i wdrażanie odpowiedzialnego podejścia do prowadzenia działalności biznesowej.

5. *Wytyczne OECD* zapewniają dobrowolne zasady i standardy odpowiedzialnego prowadzenia działalności biznesowej zgodne z obowiązującymi przepisami prawa oraz standardami uznanymi w skali międzynarodowej. Kwestie objęte *Wytycznymi OECD* mogą stanowić przedmiot przepisów prawa krajowego oraz zobowiązań o charakterze międzynarodowym. *Wytyczne OECD* zawierają zalecenia dotyczące odpowiedzialnego prowadzenia działalności biznesowej mogące wykraczać swoim zakresem poza ten, do którego przestrzegania przedsiębiorstwa są zobowiązane na mocy przepisów prawa. Zalecenie rządów państw wdrażających *Wytyczne OECD*, aby przedsiębiorstwa stosowały się do postanowień *Wytycznych OECD*, ma charakter odmienny od odpowiedzialności prawnej i egzekwowania przepisów prawa.

6. Zdolność przedsiębiorstw wielonarodowych do promowania zrównoważonego rozwoju znacznie wzrasta, gdy kontekst prowadzenia handlu i inwestycji odnosi się do otwartych, konkurencyjnych i odpowiednio regulowanych rynków, zgodnie z przepisami prawa i ochroną przestrzeni obywatelskiej. Rządy pełnią ważną rolę we wspieraniu efektywnego wdrażania *Wytycznych OECD*, w tym poprzez tworzenie sprzyjającego otoczenia politycznego w celu napędzania, wspierania i promowania odpowiedzialnych praktyk biznesowych. Spójność polityki na szczeblu krajowym i międzynarodowym może sprzyjać dostosowaniu i harmonizacji inicjatyw odpowiedzialnego prowadzenia działalności biznesowej. W tym zakresie istotne jest inteligentne połączenie podejść i działań administracji rządowych mogących obejmować podejścia zarówno obowiązkowe, jak i dobrowolne oraz budowanie potencjału i inne środki pomocnicze. Tworzenie konkretnych polityk, przepisów prawa i innych środków dotyczących odpowiedzialnego prowadzenia działalności biznesowej zależy od kontekstu politycznego, administracyjnego i prawnego poszczególnych krajów.

7. Polityczne, gospodarcze, środowiskowe, społeczne, fizyczne oraz technologiczne otoczenie międzynarodowej działalności biznesowej podlega daleko idącym i szybkim zmianom. Aktualizacja *Wytycznych OECD* ma na celu odzwierciedlenie tych przemian. W minionych dekadach udział finansów i handlu międzynarodowego w gospodarce światowej uległ znacznemu zwiększeniu. Duże przedsiębiorstwa stanowią wciąż większą część handlu i inwestycji międzynarodowych, przy czym handel transgraniczny oraz inwestycje małych i średnich przedsiębiorstw cechuje także tendencja wzrostowa, a przedsiębiorstwa te odgrywają teraz istotną rolę na rynkach międzynarodowych. Przedsiębiorstwa wielonarodowe, podobnie jak ich krajowe odpowiedniki, ewoluowały, obejmując szerszy zakres porozumień biznesowych i form organizacyjnych. Rozwój technologiczny, jak również strategiczne sojusze i bliższe relacje z dostawcami i wykonawcami wydają się zacierać granice przedsiębiorstwa. Szybka ewolucja struktury przedsiębiorstw wielonarodowych znajduje również odzwierciedlenie w prowadzonej przez przedsiębiorstwa wielonarodowe działalności w gospodarkach wschodzących i rozwijających się, których udział w handlu transgranicznym i inwestycjach zwiększa się. W gospodarkach wschodzących i rozwijających się przedsiębiorstwa wielonarodowe zdywersyfikowały działalność poza produkcję podstawową i przemysł wydobywczy w kierunku działalności wytwórczej, montażu, rozwoju rynku krajowego oraz świadczenia usług.

8. Charakter, zakres i tempo zmian gospodarczych postawiły przed przedsiębiorstwami i ich interesariuszami nowe wyzwania strategiczne. Działanie sił konkurencji jest zdecydowanie odczuwalne i przedsiębiorstwa wielonarodowe muszą radzić sobie w różnych uwarunkowaniach prawnych, społecznych i regulacyjnych. Wiele przedsiębiorstw wielonarodowych wykazało, że przestrzeganie wysokich standardów prowadzenia działalności biznesowej idzie w parze ze wzrostem i rentownością. Przedsiębiorstwa coraz częściej wdrażają modele biznesowe ukierunkowane na osiąganie zrównoważonego rozwoju oraz zachowanie spójności pomiędzy celami gospodarczymi, środowiskowymi i społecznymi. Przedsiębiorstwa promują także dialog społeczny na temat tego, co stanowi odpowiedzialne prowadzenie działalności biznesowej, oraz współpracują z interesariuszami, w tym w kontekście inicjatyw wielostronnych, w celu opracowania wytycznych dotyczących odpowiedzialnego prowadzenia działalności biznesowej.

9. Przyjęcie *Wytycznych* OECD w 1976 r. oraz ich późniejsze aktualizacje odzwierciedlają rosnące wymogi przestrzegania przez podmioty gospodarcze zasad i standardów odpowiedzialnego prowadzenia działalności biznesowej. Początki tego rozwoju można datować na prace Międzynarodowej Organizacji Pracy we wczesnych latach XX w. Kolejnym przełomowym wydarzeniem było przyjęcie przez Organizację Narodów Zjednoczonych w 1948 r. Powszechnej Deklaracji Praw Człowieka. Po tym nastąpił ciągły rozwój standardów istotnych dla wielu obszarów odpowiedzialnego prowadzenia działalności biznesowej. OECD wniosła znaczący wkład w ten proces poprzez opracowanie standardów obejmujących takie obszary, jak ochrona środowiska, zwalczanie korupcji, ochrona interesów konsumentów, ład korporacyjny, nauka, technologia i innowacje oraz opodatkowanie.

10. *Wytyczne OECD* pozostają wiodącym międzynarodowym standardem odpowiedzialnego prowadzenia działalności biznesowej. Państwa wdrażające *Wytyczne OECD* mają obowiązek współpracy ze sobą oraz z rządami innych państw w celu dalszego wdrażania *Wytycznych OECD* w partnerstwie z wieloma przedstawicielami środowiska biznesowego, związkami zawodowymi oraz innymi organizacjami pozarządowymi, które na swój własny sposób dążą do osiągnięcia tego samego celu.

I. Koncepcje i zasady

1. *Wytyczne OECD* stanowią zalecenia adresowane wspólnie przez rządy państw wdrażających *Wytyczne OECD* do przedsiębiorstw wielonarodowych. *Wytyczne OECD* zapewniają zasady i standardy dobrych praktyk zgodne z obowiązującymi przepisami prawa oraz standardami uznanymi w skali międzynarodowej. Przestrzeganie *Wytycznych OECD* przez przedsiębiorstwa jest dobrowolne i nie jest wymogiem prawnym. Niemniej jednak niektóre sprawy objęte *Wytycznymi OECD* mogą także podlegać przepisom prawa krajowego lub wynikać ze zobowiązań o charakterze międzynarodowym.
2. Przestrzeganie przepisów prawa krajowego jest podstawowym obowiązkiem przedsiębiorstw. *Wytyczne OECD* nie zastępują prawa krajowego i nie należy ich postrzegać za nadrzędne w stosunku do regulacji obowiązujących w danym państwie i prawa krajowego. Nieprzestrzeganie przez rządy zasad i standardów zgodnych z *Wytycznymi OECD* lub powiązanych z nimi zobowiązań międzynarodowych nie umniejsza oczekiwania przestrzegania *Wytycznych OECD* przez przedsiębiorstwa. Pomimo tego, że *Wytyczne OECD* w wielu przypadkach wykraczają poza przepisy prawa, nie powinny one jednak (i nie mają takiego celu) stawiać przedsiębiorstw w sytuacjach, w których miałyby one do czynienia ze sprzecznymi wymogami. Niemniej jednak w państwach, w których prawo krajowe jest sprzeczne z zasadami i standardami przedstawionymi w *Wytycznych OECD*, przedsiębiorstwa powinny dążyć do uznawania tych zasad i standardów w możliwie najpełniejszym zakresie, nie powodując przy tym naruszenia przepisów prawa krajowego.
3. Z uwagi na to, że działalność przedsiębiorstw wielonarodowych ma charakter globalny, współpraca międzynarodowa w tym zakresie powinna być prowadzona we wszystkich krajach. Państwa wdrażające *Wytyczne OECD* zachęcają przedsiębiorstwa prowadzące działalność na ich terytorium lub z tych terytoriów do przestrzegania *Wytycznych OECD* w trakcie prowadzenia działalności, przy jednoczesnym uwzględnieniu szczególnych warunków obowiązujących w poszczególnych krajach.
4. Do celów *Wytycznych OECD* dokładna definicja przedsiębiorstw wielonarodowych nie jest wymagana. *Wytyczne OECD* dopuszczają przyjęcie szeroko zakrojonego podejścia przy określaniu, które podmioty można uznać za przedsiębiorstwa wielonarodowe na potrzeby *Wytycznych OECD*, międzynarodowy charakter struktury lub działalności przedsiębiorstwa oraz jego forma handlowa, cel lub rodzaj prowadzonej działalności stanowią główne czynniki, jakie należy wziąć pod uwagę w tym względzie. Przedsiębiorstwa te prowadzą działalność we wszystkich sektorach gospodarki. Zazwyczaj obejmują one spółki lub inne podmioty posiadające siedzibę w więcej niż jednym kraju i są powiązane w sposób umożliwiający im koordynację działalności na różne sposoby. Chociaż jeden podmiot lub większa liczba z tych podmiotów może być w stanie wywierać znaczący wpływ na działalność innych podmiotów w grupie, to ich stopień autonomii w ramach grupy może jednak się znacznie różnić

w przypadku poszczególnych przedsiębiorstw wielonarodowych. Własność może być prywatna, państwowa lub mieszana. *Wytyczne OECD* są adresowane do wszystkich podmiotów wchodzących w skład przedsiębiorstwa wielonarodowego (jednostek dominujących i/lub podmiotów lokalnych). Zgodnie z faktycznym podziałem obowiązków między tymi podmiotami oczekuje się, że będą one współpracować ze sobą i pomagać sobie nawzajem w celu ułatwienia przestrzegania *Wytycznych OECD.*

5. *Wytyczne OECD* nie mają na celu wprowadzenia odmiennych zasad traktowania przedsiębiorstw wielonarodowych i krajowych, przedstawiają one dobre praktyki dla wszystkich przedsiębiorstw. W związku z tym przedsiębiorstwa wielonarodowe oraz przedsiębiorstwa krajowe podlegają takim samym oczekiwaniom co do sposobu postępowania, o ile *Wytyczne OECD* mają zastosowanie w obydwu przypadkach.
6. Rządy państw wdrażających *Wytyczne OECD* wyrażają wolę zachęcania do możliwie jak najpełniejszego przestrzegania *Wytycznych OECD.* Małe i średnie przedsiębiorstwa uznaje się za niemające takich samych możliwości jak większe przedsiębiorstwa, jednakże państwa wdrażające *Wytyczne OECD* zachęcają je do przestrzegania zaleceń *Wytycznych OECD* w możliwie najszerszym zakresie.
7. Państwa wdrażające *Wytyczne OECD* nie powinny wykorzystywać ich do celów protekcjonistycznych ani w sposób kwestionujący przewagę komparatywną jakiegokolwiek państwa, w którym inwestują przedsiębiorstwa wielonarodowe.
8. Rządy państw wdrażających *Wytyczne OECD* mają prawo do określania warunków, w jakich przedsiębiorstwa wielonarodowe prowadzą działalność w ramach ich jurysdykcji, zgodnie z prawem międzynarodowym. Jednostki wchodzące w skład przedsiębiorstwa wielonarodowego mające siedziby w różnych państwach podlegają przepisom prawa obowiązującym w tych krajach. W przypadkach, gdy przedsiębiorstwa wielonarodowe podlegają sprzecznym wymaganiom obowiązującym w państwach wdrażających *Wytyczne OECD* lub w krajach trzecich, rządy państw, których to dotyczy, zachęca się do współpracy w dobrej wierze w celu rozwiązywania ewentualnych problemów.
9. Państwa wdrażające *Wytyczne OECD* ustanowiły je z zamiarem wywiązywania się ze swoich obowiązków w zakresie traktowania przedsiębiorstw w sposób sprawiedliwy i zgodnie z przepisami prawa międzynarodowego oraz zobowiązaniami umownymi.
10. Zaleca się korzystanie z mających zastosowanie międzynarodowych mechanizmów rozstrzygania sporów, w tym arbitrażu, w celu ułatwienia procesu rozwiązywania ewentualnych sporów prawnych pomiędzy przedsiębiorstwami a rządami państw przyjmujących.
11. Państwa wdrażające *Wytyczne OECD* wdrożą przedstawione w nich zasady i będą zachęcać do ich przestrzegania. Państwa te wyznaczają Krajowe Punkty Kontaktowe OECD ds. odpowiedzialnego biznesu, które promują *Wytyczne OECD* i działają w charakterze forum dyskusyjnego poświęconego wszelkim sprawom dotyczącym *Wytycznych OECD.* Państwa wdrażające *Wytyczne OECD* będą uczestniczyć także w stosownych procedurach weryfikacji i konsultacji mających na celu rozwiązywanie istotnych kwestii w zakresie interpretacji i wdrażania *Wytycznych OECD* oraz utrzymania ich nieustannej adekwatności w kontekście zmieniającego się świata.

II. Zasady ogólne

Przedsiębiorstwa powinny w pełni uwzględniać ustalone polityki w krajach, w których prowadzą działalność, oraz brać pod uwagę opinie innych interesariuszy. W tym zakresie:

A. Przedsiębiorstwa powinny:

1. przyczyniać się do postępu gospodarczego, środowiskowego i społecznego w celu osiągnięcia zrównoważonego rozwoju;
2. respektować uznane międzynarodowo prawa człowieka tych, na kogo oddziałuje ich działalność;
3. promować budowanie potencjału lokalnego poprzez ścisłą współpracę z lokalną społecznością, uwzględniając przy tym interesy biznesowe, jak również rozwijanie działalności przedsiębiorstwa na rynkach krajowych i zagranicznych, zgodnie z wymogami rzetelnych praktyk handlowych;
4. promować tworzenie kapitału ludzkiego, w szczególności, poprzez tworzenie możliwości zatrudnienia i zapewniania pracownikom możliwości szkoleniowych;
5. zapewniać przejrzystość i uczciwość działalności lobbingowej oraz powstrzymywać się od poszukiwania lub akceptowania zwolnień nieprzewidzianych przepisami prawa w zakresie praw człowieka, ochrony środowiska, zdrowia, bezpieczeństwa, pracy, opodatkowania, zachęt finansowych lub innych kwestii;
6. wspierać i przestrzegać zasad dobrego ładu korporacyjnego oraz opracowywać i stosować dobre praktyki ładu korporacyjnego, w tym także w grupach przedsiębiorstw;
7. opracowywać i stosować skuteczne praktyki samoregulacyjne i systemy zarządzania sprzyjające relacjom opartym na zaufaniu oraz wzajemnym zaufaniu przedsiębiorstw i społeczności, w których prowadzą one swoją działalność;
8. promować przestrzeganie przez pracowników zatrudnionych przez przedsiębiorstwa wielonarodowe przyjętych przez te przedsiębiorstwa polityk oraz podnosić świadomość pracowników w tym zakresie poprzez odpowiednie rozpowszechnianie tych polityk, w tym poprzez programy szkoleniowe;
9. powstrzymywać się od działań dyskryminujących lub dyscyplinarnych lub angażowania się w innego rodzaju działania powodujące represje wobec pracowników, przedstawicieli związków zawodowych lub innych przedstawicieli pracowników, którzy w dobrej wierze zgłaszają kierownictwu lub, w zależności od przypadku, odpowiednim organom władz publicznych, informacje o praktykach naruszających przepisy prawa, postanowienia *Wytycznych OECD* lub polityki przedsiębiorstwa;
10. powstrzymywać się od stosowania represji i podejmować działania mające na celu zapobieganie represjom, w tym przez podmioty, z którymi przedsiębiorstwo utrzymuje relacje biznesowe, wobec jakichkolwiek osób lub grup, które mogą dążyć do – lub prowadzić badania mające na celu – lub zgłaszać obawy w zakresie faktycznych

lub potencjalnych negatywnych skutków związanych z działalnością, produktami lub usługami przedsiębiorstwa. Obejmuje to promowanie otoczenia, w którym osoby i grupy czują się bezpiecznie, mogąc zgłaszać nieprawidłowości oraz w stosownych przypadkach, przyczynianie się do zapobiegania negatywnym skutkom represji w momencie ich wystąpienia;

11. wdrażać procedury opartej na ryzyku należytej staranności, przykładowo, poprzez uwzględnianie jej w systemach zarządzania ryzykiem przedsiębiorstwa, w celu identyfikowania faktycznych i potencjalnych negatywnych skutków, zapobiegania tym skutkom i ich łagodzenia, jak opisano w punktach 12 i 13, oraz ponoszenia odpowiedzialności za sposób postępowania w przypadku wystąpienia takich skutków. Charakter i zakres procedur należytej staranności zależy od okoliczności poszczególnych sytuacji;
12. unikać powodowania lub przyczyniania się do wystąpienia negatywnych skutków w odniesieniu do kwestii objętych *Wytycznymi OECD* w wyniku prowadzonej przez siebie działalności oraz przeciwdziałać takim skutkom w momencie ich wystąpienia, w tym poprzez zapewnienie zapobiegania lub współpracę w zakresie działań zaradczych odnoszących się do negatywnych skutków;
13. dążyć do zapobieżenia negatywnemu skutkowi lub jego złagodzenia w przypadku, gdy nie przyczyniły się do jego wystąpienia, również w przypadku, jeśli skutek ten jest bezpośrednio powiązany z ich działalnością, produktami lub usługami poprzez relacje biznesowe. Zalecenie powyższe nie ma na celu przeniesienia odpowiedzialności z jednostki powodującej negatywny skutek na przedsiębiorstwo, z którym jednostka ta ma relacje biznesowe;
14. w uzupełnieniu do zapobiegania negatywnym skutkom w odniesieniu do spraw objętych *Wytycznymi OECD*, przedsiębiorstwa powinny w miarę możliwości zachęcać podmioty, z którymi utrzymują relacje biznesowe, do stosowania zasad odpowiedzialnego prowadzenia działalności biznesowej w sposób zgodny z *Wytycznymi OECD*;
15. w znaczący sposób współpracować z właściwymi interesariuszami lub ich pełnomocnikami w ramach wdrażania procedur należytej staranności oraz w celu zapewnienia możliwości uwzględnienia opinii interesariuszy w odniesieniu do działań przedsiębiorstwa w zakresie kwestii objętymi *Wytycznymi OECD*, które mogą szczególnie oddziaływać na interesariuszy;
16. powstrzymywać się od jakiegokolwiek niewłaściwego angażowania się w działalność polityczną.

B. Przedsiębiorstwa zachęca się do:

1. angażowania się, tam gdzie to jest właściwe, w prywatne lub wielostronne inicjatywy oraz dialog społeczny na temat odpowiedzialnego prowadzenia działalności biznesowej lub wspierania takich inicjatyw i dialogu, zapewniając jednocześnie, że inicjatywy te uwzględniać będą ich społeczne i gospodarcze oddziaływanie na gospodarki rozwijające się oraz istniejące standardy uznane na szczeblu międzynarodowym.

Komentarz do rozdziału II: „Zasady ogólne"

1. Rozdział „Zasady ogólne" *Wytycznych OECD* jest pierwszym rozdziałem *Wytycznych OECD* zawierającym szczególne zalecenia dla przedsiębiorstw. Dlatego też jest on ważny z uwagi na fakt, że nadaje on ton całości *Wytycznych OECD* i ustanawia podstawowe zasady zawarte w zaleceniach sformułowanych w kolejnych rozdziałach.

2. Zachęca się przedsiębiorstwa do współpracy z rządami przy opracowywaniu i wdrażaniu polityk i przepisów prawa. Proces ten może być wzbogacony poprzez uwzględnienie opinii innych interesariuszy, w tym lokalnej społeczności oraz interesariuszy, na których działalność przedsiębiorstw, jak również ich interesy biznesowe oddziałują negatywnie lub potencjalnie mogą mieć taki niekorzystny wpływ. Podkreśla się również, że rządy powinny zachowywać przejrzystość w swoich kontaktach z przedsiębiorstwami i konsultować się z nimi w tych kwestiach. Przedsiębiorstwa, partnerzy społeczni oraz inni interesariusze, jak organizacje społeczeństwa obywatelskiego i związki zawodowe, powinny być postrzegani jako partnerzy rządu uczestniczący w opracowywaniu i stosowaniu polityk mających wpływ na działalność przedsiębiorstw zarówno kontekście dobrowolnych zobowiązań, jak i podejścia regulacyjnego (którego jednym z elementów są *Wytyczne OECD*).

3. Między działalnością przedsiębiorstw wielonarodowych a zrównoważonym rozwojem nie powinno być sprzeczności, a *Wytyczne OECD* mają na celu wspieranie komplementarności w tym zakresie. Związek między postępem gospodarczym, społecznym i środowiskowym jest kluczowym środkiem pozwalającym na osiągnięcie celu, jakim jest zrównoważony rozwój[3].

4. W powyższym punkcie A.2 odniesiono się do rozdziału IV „Prawa człowieka", w którym omówiono ogólne zalecenia dotyczące praw człowieka.

5. *Wytyczne OECD* zauważają także potrzebę i zachęcają przedsiębiorstwa wielonarodowe do wnoszenia wkładu w kreowanie lokalnego potencjału poprzez prowadzenie działalności biznesowej w obrębie społeczności lokalnych. Podobnie zalecenie dotyczące kształtowania kapitału ludzkiego jest wyraźnym i wybiegającym w przyszłość uznaniem wkładu w rozwój indywidualny jednostki, jaki przedsiębiorstwa wielonarodowe mogą oferować swoim pracownikom i jaki obejmuje nie tylko praktyki zatrudniania, ale także szkolenia i inne formy rozwoju pracowników. Koncepcja kapitału ludzkiego obejmuje także pojęcie niedyskryminacji w praktykach zatrudniania, jak również w praktykach awansowania, nieustannego dokształcania się oraz innych szkoleń zawodowych.

6. Przedsiębiorstwa swobodnie uczestniczą w debatach publicznych. Biorąc udział w rzecznictwie publicznym, przedsiębiorstwa powinny uwzględniać w należytym stopniu *Zalecenie dotyczące zasad przejrzystości i uczciwości w działalności lobbingowej* [OECD/LEGAL/0379] i dopilnować, aby ich działalność lobbingowa była zgodna z ich obowiązkami i celami kwestii objętych *Wytycznymi OECD*. Rządy ponoszą odpowiedzialność za ustalanie ram uczciwości publicznej w zależności od ryzyka

[3] Jedną z najczęściej przyjmowanych definicji zrównoważonego rozwoju jest definicja opracowana w 1987 r. przez Światową Komisję ds. Środowiska i Rozwoju (Komisja Brundtland): „Rozwój odpowiadający obecnym potrzebom bez uszczerbku dla możliwości spełnienia swoich potrzeb przez przyszłe pokolenia". W tym zakresie ważny punkt odniesienia stanowią globalne cele ukierunkowane na wyeliminowanie ubóstwa na świecie, ochronę planety i zapewnienia wszystkim ludziom pokoju i dobrobytu.

odnoszącego się do lobbingu funkcjonariuszy publicznych. Zgodnie z zaleceniami *Wytycznych OECD*, przedsiębiorstwa mają z zasady unikać podejmowania działań mających na celu zapewnienie zwolnień nieprzewidzianych w ramach przepisów w zakresie praw człowieka, ochrony środowiska, zdrowia, bezpieczeństwa, pracy, opodatkowania, zachęt finansowych lub innych kwestii, bez naruszenia prawa przedsiębiorstwa do zabiegania o wprowadzenie zmian do takich przepisów prawnych. Sformułowanie „lub akceptowania" także zwraca uwagę na rolę państwa w oferowaniu tych zwolnień. Tego rodzaju zalecenia były tradycyjnie kierowane do rządów, lecz mają także bezpośrednie znaczenie dla przedsiębiorstw wielonarodowych. Co ważne, istnieją jednak przypadki, w których określone zwolnienia, wynikające z przepisów prawa lub innych polityk, mogą być zgodne z tymi przepisami prawa z uzasadnionych powodów związanych z porządkiem publicznym. Przykłady przedstawiono w rozdziałach dotyczących ochrony środowiska i polityki konkurencji.

7. Zgodnie z *Wytycznymi OECD*, przedsiębiorstwa powinny stosować dobre praktyki ładu korporacyjnego wynikające z *Zasad ładu korporacyjnego G20/OECD* [OECD/LEGAL/0413]. W *Zasadach* apeluje się o ochronę i ułatwianie wykonywania praw wspólników/akcjonariuszy, w tym sprawiedliwego ich traktowania. Przedsiębiorstwa powinny przestrzegać praw interesariuszy wynikających z przepisów prawa lub za pośrednictwem wzajemnych porozumień oraz zachęcać do aktywnej współpracy z interesariuszami w tworzeniu dobrobytu, miejsc pracy czy zrównoważonych i prężnych przedsiębiorstw.

8. Zasady nakładają na zarząd jednostki dominującej obowiązek zapewnienia strategicznego ukierunkowania przedsiębiorstwa, efektywnego monitorowania zarządzania oraz ponoszenia odpowiedzialności wobec przedsiębiorstwa i interesariuszy, przy jednoczesnym uwzględnieniu interesów interesariuszy. W ramach wywiązywania się z tych obowiązków zarząd musi zapewnić integralność systemów rachunkowości i sprawozdawczości finansowej, w tym niezależny audyt, odpowiednie systemy kontroli, w szczególności, zarządzenie ryzykiem i kontrolę finansową i operacyjną, a także zgodność z prawem i odpowiednimi standardami.

9. Zasady mają zastosowanie do spółek notowanych na giełdzie papierów wartościowych w ramach grup przedsiębiorstw, chociaż zarządy spółek zależnych mogą posiadać obowiązki wynikające z przepisów prawa obowiązujących w kraju ich założenia. Systemy zgodności i kontroli powinny w miarę możliwości obejmować także takie spółki zależne. Ponadto monitorowanie przez zarząd obszaru zarządzania polega na nieustannej analizie struktur wewnętrznych w celu zapewnienia wyraźnych zasad odpowiedzialności kierownictwa w ramach całej grupy.

10. Państwowe przedsiębiorstwa wielonarodowe podlegają tym samym zaleceniom co przedsiębiorstwa prywatne, ale kontrola publiczna jest często zwiększona w przypadkach, gdy ostatecznym właścicielem przedsiębiorstwa jest państwo. *Wytyczne OECD dotyczące ładu korporacyjnego w przedsiębiorstwach państwowych* stanowią przydatny przewodnik, specjalnie opracowany dla tych przedsiębiorstw, a zawarte w nim zalecenia mogą znacznie poprawić aspekty ich zarządzania.

11. Pomimo że obowiązek usprawnienia regulacji prawnych i instytucjonalnych spoczywa przede wszystkim na rządach, istnieją powody, dla których przedsiębiorstwa powinny wdrażać zasady dobrego nadzoru korporacyjnego.

12. Rozszerzający się zakres pozarządowych instrumentów i działań samoregulacyjnych dotyczy aspektów zachowań korporacyjnych i relacji między podmiotami gospodarczymi a społeczeństwem. Interesujące zmiany zachodzą w tym zakresie w sektorze finansowym. Przedsiębiorstwa zdają sobie sprawę z tego, że prowadzona przez nie działalność ma często konsekwencje społeczne i środowiskowe. Ilustracją tego jest instytucja praktyk samoregulacyjnych i systemów zarządzania oraz udział w stosownych inicjatywach wielostronnych przedsiębiorstw wrażliwych na osiąganie tych celów – przyczyniając się tym samym do zrównoważonego rozwoju. Praktyki samoregulacyjne i inicjatywy wielostronne powinny być wiarygodne i przejrzyste. W przypadkach, gdy takie inicjatywy koncentrują się na należytej staranności w obszarze odpowiedzialnego prowadzenia działalności biznesowej, dostosowanie do odpowiednich standardów międzynarodowych, takich jak *Wytyczne OECD*, może przyczynić się do zwiększenia skuteczności przy jednoczesnym ograniczeniu złożoności i kosztu dla podmiotów gospodarczych zaangażowanych w takie inicjatywy. Z kolei rozwój takich praktyk może przyczynić się do powstania konstruktywnych relacji pomiędzy przedsiębiorstwami i społecznościami, w których prowadzą one działalność. Chociaż przedsiębiorstwa mogą współpracować na poziomie branżowym lub wielostronnym, to jednak ponoszą indywidualną odpowiedzialność za zapewnienie skutecznego wdrażania należytej staranności.

13. W następstwie skutecznych praktyk samoregulacyjnych oczekuje się, co do zasady, że przedsiębiorstwa będą promować świadomość pracowników w odniesieniu do polityk wdrażanych w przedsiębiorstwie. Gwarancje ochrony działań polegających na sygnalizowaniu w dobrej wierze nieprawidłowości (*whistle-blowing*) są także zalecane, w tym ochrona pracowników, którzy w sytuacji braku terminowego wprowadzenia działań naprawczych lub w obliczu zasadnego ryzyka niekorzystnych działań pracowniczych zgłaszają praktyki naruszające przepisy prawa właściwym organom władz publicznych. Taka ochrona ma szczególne znaczenie nie tylko w przypadku wewnętrznych kontroli, etyki i programów zgodności związanych z przeciwdziałaniem korupcji, omówionych w rozdziale VII „Zwalczanie przekupstwa i innych form korupcji", oraz inicjatyw w zakresie ochrony środowiska, ale także w stosunku do innych zaleceń zawartych w *Wytycznych OECD*.

14. Przedsiębiorstwa powinny podejmować działania mające na celu zapewnianie otoczenia, w którym można bezpiecznie wyrażać obawy o negatywne skutki działalności prowadzonej przez te przedsiębiorstwa, jak i podmioty, z którymi utrzymują one relacje biznesowe. Powstrzymywanie się od stosowania represji i podejmowanie działań zapobiegających ich stosowaniu mają istotne znaczenie dla ochrony przestrzeni obywatelskiej i zapobiegania szkodom wobec grup i jednostek, które starają się lub rzeczywiście prowadzą dochodzenie, wyrażają lub zgłaszają takie obawy. Represje obejmują działania odwetowe lub dyskryminacyjne mające na celu cenzurowanie, zastraszenie, skrzywdzenie lub uciszenie krytyków, takie jak groźby, szkalowanie reputacji, obelgi, nękanie, inwigilacja, strategiczne prowadzenie procesów sądowych przeciwko zaangażowaniu publicznemu, próby kryminalizacji działań zgodnych z prawem, napaści fizyczne i zabójstwa.

15. W *Wytycznych OECD* należytą staranność rozumie się jako proces, w ramach którego przedsiębiorstwa mogą identyfikować faktyczne i potencjalne negatywne skutki, zapobiegać tym skutkom, łagodzić je i przyjmować odpowiedzialność za to, w jaki sposób radzą sobie z takimi skutkami jako integralną częścią systemów podejmowania decyzji biznesowych i zarządzania ryzykiem. *Wytyczne OECD dotyczące należytej staranności*

w odpowiedzialnym prowadzeniu działalności biznesowej oraz sektorowe wytyczne OECD w zakresie należytej staranności umożliwiają przedsiębiorstwom zrozumienie i wdrożenie zalecenia dotyczącego należytej staranności wynikającego z *Wytycznych OECD*. Mają one także służyć propagowaniu wśród rządów państwa wdrażających *Wytyczne OECD* i interesariuszy wspólnego zrozumienia opartej na ryzyku należytej staranności w odpowiedzialnym prowadzeniu działalności biznesowej. Do tego celu *Wytyczne OECD dotyczące należytej staranności w odpowiedzialnym prowadzeniu działalności biznesowej* określają ramy należytej staranności, jakie rządy zobowiązały się aktywnie wspierać i monitorować. Wyszczególniają one następujące działania: 1) włączenie zagadnień odpowiedzialnego prowadzenia działalności biznesowej do zasad i systemów zarządzania, 2) identyfikowanie i ocena faktycznych i potencjalnych negatywnych skutków związanych z działalnością, produktami lub usługami przedsiębiorstwa, 3) wstrzymanie negatywnych skutków, zapobieganie im lub ich łagodzenie, 4) monitorowanie wdrażania i wyników 5) informowanie o sposobie postępowania w przypadku wystąpienia negatywnych skutków oraz 6) w stosownych przypadkach umożliwianie odpowiednich działań zaradczych lub współpraca przy działaniach zaradczych. Proponują one także praktyczne działania mające na celu wdrożenie procedur należytej staranności. Nie każde działanie praktyczne wskazane w *Wytycznych OECD dotyczących należytej staranności* będzie właściwe w każdej sytuacji.

16. Należytą staranność można włączyć do szerszych systemów zarządzania ryzykiem przedsiębiorstwa, pod warunkiem że wykracza to poza zwykłą identyfikację i zarządzanie istotnym ryzykiem dla samego przedsiębiorstwa, do celów uwzględnienia ryzyka negatywnych skutków związanych z kwestiami objętymi *Wytycznymi OECD*. Z potencjalnymi skutkami można sobie radzić za pomocą środków zapobiegawczych lub łagodzących, a z faktycznymi skutkami za pomocą działań naprawczych. *Wytyczne OECD* obejmują te negatywne skutki, które zostały wywołane lub do których powstania przyczyniło się przedsiębiorstwo lub które są bezpośrednio powiązane z jego działaniami, produktami lub usługami przez relację biznesową, jak zostało to opisane w punktach A.12 i A.13 niniejszego rozdziału. Należyta staranność może pomóc przedsiębiorstwom uniknąć ryzyka związanego z takimi negatywnymi skutkami. Do celów niniejszego zalecenia „przyczynianie się" do negatywnego skutku należy interpretować jako istotny wkład, oznaczający działanie powodujące, ułatwiające lub zachęcające inny podmiot do spowodowania negatywnego skutku, ale nie obejmuje drobnych ani nieznaczących działań. Zależność między przedsiębiorstwem a negatywnymi skutkami nie ma statycznego charakteru. Może ona ulegać zmianie, np. wraz ze zmieniającymi się okolicznościami i w zależności od stopnia, w jakim procesy należytej staranności oraz podjęte działania mające na celu niwelowanie zidentyfikowanych rodzajów ryzyka oraz negatywnych skutków wpłyną na zmniejszenie ryzyka ich wystąpienia.

17. Termin „relacja biznesowa" obejmuje relacje z partnerami biznesowymi, podwykonawcami, franczyzobiorcami, spółkami będącymi przedmiotem inwestycji, klientami i partnerami joint venture, podmiotami w łańcuchu dostaw dostarczającymi produkty lub usługi, które mają istotne znaczenie dla prowadzenia własnej działalności, produktów lub usług przedsiębiorstwa lub które otrzymują, licencjonują, kupują lub wykorzystują produkty lub usługi od przedsiębiorstwa oraz wszelkimi innymi podmiotami niepaństwowymi lub państwowymi bezpośrednio powiązanymi z działalnością, produktami lub usługami przedsiębiorstwa. Relacje z indywidualnymi konsumentami będącymi osobami fizycznymi,

które działają w celach niezwiązanych z działalnością biznesową, handlową ani państwową, nie są zasadniczo uznawane za „relacje biznesowe” w ramach *Wytycznych OECD*, chociaż przedsiębiorstwo może przyczyniać się do powstawania negatywnych skutków w tym obszarze. Relacje biznesowe obejmują relacje wykraczające poza relacje umowne, relacje „kluczowe” lub relacje bezpośrednie. Podmioty, z którymi przedsiębiorstwo utrzymuje relacje biznesowe, mogą, ale nie muszą prowadzić działalności w państwach wdrażających *Wytyczne OECD* ani na ich terytorium. Zdolność przedsiębiorstwa do identyfikowania faktycznych i potencjalnych negatywnych skutków, zapobiegania tym skutkom i ich łagodzenia, jak opisano w punkcie A.11, może różnić się w zależności od różnych rodzajów relacji biznesowych, a także ze względu na inne czynniki, w tym te opisane poniżej w punkcie 24.

18. Zalecenie zawarte w punkcie A.11 ma zastosowanie do tych kwestii objętych *Wytycznymi OECD*, które dotyczą negatywnych skutków związanych z działalnością, produktami i usługami przedsiębiorstwa. Zalecenie w punkcie A.11 nie ma zastosowania do rozdziałów dotyczących konkurencji i opodatkowania. W ramach *Wytycznych OECD* zalecenia dotyczące należytej staranności należy interpretować zgodnie z punktami A.11–13 oraz komentarzami, które ich dotyczą.

19. Charakter i zakres należytej staranności, jak również szczególne działania, jakie należy podjąć w konkretnej sytuacji, zależą od czynników takich jak kontekst działalności prowadzonej przez przedsiębiorstwo czy szczególne zalecenia zawarte w *Wytycznych OECD* i powinny być proporcjonalne do rozmiaru przedsiębiorstwa, stopnia, w jakim jest ono objęte negatywnym skutkiem oraz dotkliwości negatywnych skutków. W związku z tym działania podejmowane przez przedsiębiorstwo wdrażające procedury należytej staranności powinny być oparte o ryzyko współmierne do dotkliwości i prawdopodobieństwa wystąpienia negatywnego skutku oraz odpowiednie i proporcjonalne w stosunku do kontekstu. Jeżeli nie jest możliwe jednoczesne zajęcie się wszystkimi zidentyfikowanymi skutkami, przedsiębiorstwo powinno ustalić kolejność, w jakiej podejmuje działania, w oparciu o skalę i prawdopodobieństwo wystąpienia negatywnego skutku.

20. W *Wytycznych OECD* uznano, że większość przedsiębiorstw może nie być w stanie ocenić wszystkich poszczególnych podmiotów, z którymi posiadają one relację biznesową lub podjąć z nimi współpracy. W przypadku gdy przedsiębiorstwa posiadają dużą liczbę dostawców i innych relacji biznesowych, zachęca się je do zidentyfikowania ogólnych obszarów, w których ryzyko wystąpienia negatywnych skutków jest najbardziej znaczące oraz, w oparciu o tę ocenę ryzyka, nadania tym obszarom priorytetów należytej staranności zgodnie ze środkami wskazanymi powyżej w punkcie 19. Należyta staranność oparta na ryzyku związana z produktami lub usługami przedsiębiorstwa powinna uwzględniać znane lub zasadnie przewidywalne okoliczności związane z korzystaniem z produktu lub usługi zgodnie z jego przeznaczeniem lub w warunkach zasadnie przewidywalnego niewłaściwego wykorzystania lub użytkowania, które mogą powodować negatywne skutki. Szczegółowe zalecenia dotyczące należytej staranności związane z konkretnymi kwestiami znajdują się w odpowiednich rozdziałach.

21. W przypadku gdy przedsiębiorstwo powoduje lub może powodować wystąpienie negatywnego skutku, powinno ono podjąć niezbędne działania mające na celu zaprzestanie lub zapobieżenia takiemu skutkowi.

22. W przypadku gdy przedsiębiorstwo przyczynia się lub może przyczynić się do wystąpienia negatywnego skutku, powinno podjąć niezbędne działania w celu zaprzestania wywoływania takiego skutku lub zapobieżenia jego wywoływaniu oraz wykorzystać siłę swojego oddziaływania w celu złagodzenia wszelkich pozostałych skutków w największym możliwym zakresie. Siła oddziaływania przedsiębiorstwa jest uznawana za istniejącą, gdy przedsiębiorstwo ma możliwość wprowadzenia zmian w niewłaściwych praktykach podmiotu, który powoduje szkodę.

23. W *Wytycznych OECD* uznaje się, że odpowiedzialność nie powinna być przenoszona z podmiotu wywołującego negatywny skutek na przedsiębiorstwo, z którym posiada ono relację biznesową. W związku z tym, w przypadku gdy przedsiębiorstwo jest bezpośrednio powiązane z negatywnym skutkiem poprzez relację biznesową, ale nie powoduje go ani nie przyczynia się do jego wystąpienia, nie ponosi odpowiedzialności za zapewnienie działań zaradczych, choć może ono odgrywać rolę w tym zakresie, ale raczej poprzez wykorzystanie siły swojego oddziaływania lub współpracując z innymi podmiotami, tak aby wpłynąć na podmiot powodujący negatywny skutek do celów zapobieżenia takiemu skutkowi, jego złagodzenia lub wyeliminowania. W przypadku gdy przedsiębiorstwo nie posiada wystarczającej siły oddziaływania, powinno rozważyć sposoby jej wzmocnienia. Przedsiębiorstwa mogą stosować lub zwiększać siłę swojego oddziaływania na wiele sposobów do celów wywierania wpływu na podmioty, z którymi utrzymują relacje biznesowe, na przykład poprzez zapewnianie wsparcia, szkoleń i budowanie potencjału; zaangażowanie ich w zapobieganie skutkom i/lub ich łagodzenie; kreowanie oczekiwań dotyczących odpowiedzialnego prowadzenia działalności biznesowej i należytej staranności w szczególności w umowach handlowych takich jak umowy o zarządzanie, wymogi wstępnej kwalifikacji potencjalnych dostawców, fundusze powiernicze oraz umowy licencyjne lub franczyzowe; wiązanie zachęt biznesowych z wynikami w zakresie odpowiedzialnego prowadzenia działalności biznesowej; współpraca z organami regulacyjnymi i decydentami politycznymi w kwestiach związanych z odpowiedzialnym prowadzeniem działalności biznesowej; informowanie o możliwości odpowiedzialnego wycofania się w przypadku nieprzestrzegania oczekiwań dotyczących odpowiedzialnego prowadzenia działalności biznesowej, współpraca z innymi przedsiębiorstwami (na poziomie sektora, ryzyka lub kraju) w celu wspólnego łączenia siły oddziaływania i wdrażania wspólnych standardów odpowiedzialnego prowadzenia działalności biznesowej. Inne czynniki istotne dla określenia właściwej reakcji na zidentyfikowane ryzyko obejmują dotkliwość i prawdopodobieństwo wystąpienia negatywnych skutków oraz znaczenie danego dostawcy dla przedsiębiorstwa.

24. W *Wytycznych OECD* uznano, że istnieją praktyczne ograniczenia stopnia siły oddziaływania, jaką przedsiębiorstwa mają lub mogą być w stanie zbudować, aby wpłynąć na zmianę zachowania podmiotów, z którymi posiadają relacje biznesowe. Są one związane z charakterystyką produktu i/lub usługi, liczbą dostawców i innych relacji biznesowych, strukturą i złożonością łańcucha dostaw lub charakterem relacji biznesowych lub negatywnego skutku, którego dotyczy. Przykładowo, w sytuacjach, w których usługa jest świadczona lub produkt jest sprzedawany lub odsprzedawany, przedsiębiorstwa mogą mieć ograniczoną zdolność do monitorowania swojego wpływu lub wykorzystywania swojej siły oddziaływania, lub budowania swojej siły oddziaływania. W takich sytuacjach podejmowanie wysiłków w celu zidentyfikowania faktycznych i potencjalnych skutków oraz

podjęcia działań zapobiegawczych lub łagodzących może być w szczególności ważne przed sprzedażą i w momencie sprzedaży.

25. Odpowiednie reakcje w odniesieniu do ryzyka związanego z relacją biznesową mogą obejmować kontynuację relacji w trakcie działań ograniczających ryzyko, tymczasowe zawieszenie relacji przy jednoczesnym ograniczaniu ryzyka lub w ostateczności wycofanie się z relacji biznesowej po nieudanych próbach złagodzenia skutku albo gdy przedsiębiorstwo uzna, że złagodzenie nie jest możliwe lub z powodu dotkliwości negatywnego skutku. W przypadku gdy przedsiębiorstwa mogą kontynuować relację i wykazać realistyczną perspektywę poprawy lub faktyczną poprawę w czasie, takie podejście będzie często lepsze niż wycofanie się z tej relacji. Przedsiębiorstwo powinno także uwzględnić potencjalne społeczne, środowiskowe i ekonomiczne negatywne skutki związane z decyzją o wycofaniu się z relacji. Podejmując decyzję o wycofaniu się z relacji, przedsiębiorstwa powinny robić to w sposób odpowiedzialny, w tym starając się przeprowadzić w odpowiednim czasie znaczące konsultacje z właściwymi interesariuszami oraz, w miarę możliwości, podejmując rozsądne i odpowiednie działania w celu zapobiegania negatywnym skutkom związanym z wycofaniem się z relacji biznesowej lub ich łagodzenia.

26. Przedsiębiorstwa mogą także podejmować współpracę z dostawcami i innymi podmiotami, z którymi posiadają relacje biznesowe do celów poprawy swoich wyników, we współpracy z innymi interesariuszami, w tym poprzez szkolenia personelu oraz inne formy budowania potencjału oraz wsparcia włączania zasad odpowiedzialnego prowadzenia działalności biznesowej zgodnych z *Wytycznymi OECD* do swoich praktyk biznesowych. Szczególnie ważna w tym względzie jest współpraca z małymi i średnimi przedsiębiorstwami, z którymi posiadają one relacje biznesowe, i wspieranie tych przedsiębiorstw. W przypadku, gdy podmioty, z którymi przedsiębiorstwo utrzymuje relacje biznesowe, są potencjalnie narażone na sprzeczne wymogi, nałożone przykładowo przez różnych nabywców lub usługodawców, zachęca się przedsiębiorstwa do udziału, z należytym uwzględnieniem zasad konkurencji, w ogólnobranżowych wspólnych wysiłkach wraz z innymi przedsiębiorstwami w celu koordynowania polityk należytej staranności i strategii zarządzania ryzykiem, w tym poprzez dzielenie się informacjami.

27. Zachęca się również przedsiębiorstwa do udziału w prywatnych lub wielostronnych inicjatywach oraz dialogu społecznym na temat odpowiedzialnego prowadzenia działalności biznesowej, takich jak inicjatywy podejmowane zgodnie z Decyzją Rady w sprawie *Wytycznych OECD dla przedsiębiorstw wielonarodowych dotyczących odpowiedzialnego prowadzenia działalności biznesowej*, wraz z załączoną do nich częścią proceduralną.

28. Mające znaczenie angażowanie interesariuszy jest kluczowym elementem procesu należytej staranności. W niektórych przypadkach angażowanie interesariuszy może być również prawem samym w sobie. Angażowanie interesariuszy obejmuje interaktywne procesy współpracy z właściwymi interesariuszami, na przykład, poprzez spotkania, wysłuchania lub konsultacje. Właściwymi interesariuszami będą osoby lub grupy lub ich pełnomocnicy, których prawa lub interesy związane z kwestiami objętymi *Wytycznymi OECD*, mogą zostać naruszone w wyniku działalności przedsiębiorstwa, oddziaływania jego produktów lub usług. Przedsiębiorstwa, planując angażowanie interesariuszy, mogą ustalać ich hierarchię od najbardziej dotkniętych lub potencjalnie najbardziej dotkniętych

interesariuszy. Stopień oddziaływania przedsiębiorstwa na interesariuszy może informować o stopniu ich angażowania. Mające znaczenie angażowanie interesariuszy odnosi się do nieustannej współpracy z interesariuszami, która jest dwukierunkowa, prowadzona w dobrej wierze przez uczestników po obu stronach i uwzględniająca poglądy interesariuszy. W celu zapewnienia, aby współpraca z interesariuszami była miała znaczący charakter i była skuteczna, ważne jest, aby zapewnić jej terminowość, dostępność, stosowność oraz bezpieczeństwo dla interesariuszy, a także zidentyfikować i usunąć potencjalne bariery w angażowaniu interesariuszy znajdujących się w trudnej sytuacji lub marginalizowanych. *Wytyczne OECD dotyczące należytej staranności w zakresie odpowiedzialnego prowadzenia działalności biznesowej* oraz odpowiednie wytyczne sektorowe OECD obejmują praktyczne wsparcie dla przedsiębiorstw w zakresie współpracy z interesariuszami, w tym w ramach procesu należytej staranności przedsiębiorstwa. Współpraca ta jest szczególnie ważna przy planowaniu i podejmowaniu decyzji dotyczących projektów lub innych działań obejmujących na przykład intensywne użytkowanie gruntów lub wody, które mogą mieć znaczący wpływ na społeczności lokalne.

29. Na koniec warto zauważyć, że samoregulacja i inne tego typu inicjatywy, w tym *Wytyczne OECD*, nie powinny bezprawnie ograniczać konkurencji, ani nie powinny być uważane za substytut skutecznego prawa i regulacji rządowych. Przyjmuje się, że przedsiębiorstwa wielonarodowe powinny unikać potencjalnego wpływu kodeksów i praktyk samoregulacyjnych na realizowane transakcje handlowe i inwestycje.

III. Ujawnianie informacji

1. Przedsiębiorstwa powinny brać pod uwagę polityki udostępniania informacji mające zastosowanie w krajach i sektorach, w których przedsiębiorstwa prowadzą działalność biznesową, a także uwzględniać opinie i wymogi informacyjne wspólników/akcjonariuszy oraz innych właściwych interesariuszy. Przedsiębiorstwa powinny systematycznie ujawniać terminowe, rzetelne, jasne, kompletne, dokładne i porównywalne informacje na temat wszystkich istotnych kwestii w sposób wystarczająco szczegółowy. Te informacje powinny dotyczyć przedsiębiorstwa jako całości oraz, w stosownych przypadkach, być klasyfikowane według dziedzin działalności lub obszarów geograficznych. Polityka ujawniania informacji przez przedsiębiorstwa musi być odpowiednio dostosowana do charakteru, wielkości i lokalizacji przedsiębiorstwa, z należytym uwzględnieniem kosztów, poufności biznesowej oraz innych kwestii związanych z konkurencyjnością.

2. Polityka ujawniania informacji przez przedsiębiorstwa powinna obejmować między innymi istotne informacje na temat:
   a) finansowych i operacyjnych wyników przedsiębiorstwa;
   b) celów przedsiębiorstwa oraz informacje związane ze zrównoważonym rozwojem;
   c) struktur kapitałowych, struktur grupowych oraz ich ustalenia dotyczące kontroli;
   d) głównego akcjonariatu, w tym właścicieli faktycznych i praw głosu;
   e) składu zarządu i jego członków, w tym ich kwalifikacji, procedury wyboru, innych stanowisk dyrektorskich w przedsiębiorstwie oraz tego, czy każdy członek zarządu jest uważany przez zarząd za niezależnego;
   f) wynagrodzenia członków zarządu i kluczowej kadry kierowniczej;
   g) transakcji z podmiotami powiązanymi;
   h) możliwych do przewidzenia czynników ryzyka;
   i) struktur i zasad ładu korporacyjnego, w tym informacje dotyczące zakresu zgodności z krajowymi kodeksami ładu korporacyjnego lub zasadami ładu korporacyjnego oraz procedurą ich wdrażania;
   j) kontraktów dłużnych, w tym ryzyka nieprzestrzegania warunków umownych.

3. Ważne jest także, aby przedsiębiorstwa komunikowały informacje o odpowiedzialnym prowadzeniu działalności biznesowej, włączając w to odpowiedzialność związaną z wdrażaniem procedur o należytej staranności. Niektóre z tych informacji mogą mieć także istotne znaczenie na mocy postanowień punktu 2. Informacje dotyczące odpowiedzialnego prowadzenia działalności biznesowej mogą obejmować:

   a) oświadczenia o wartości przedsiębiorstwa lub sprawozdania z prowadzenia działalności biznesowej przeznaczone do publicznego ujawnienia, w tym polityki w zakresie odpowiedzialnego prowadzenia działalności biznesowej, które wyrażają zobowiązania przedsiębiorstwa do przestrzegania zasad i standardów objętych *Wytycznymi OECD* oraz plany przedsiębiorstwa dotyczące wdrożenia należytej staranności;

   b) polityki i inne kodeksy postępowania, których przestrzega przedsiębiorstwo, daty ich przyjęcia oraz kraje i jednostki, do których te dokumenty mają zastosowanie;

c) informacje na temat działań podjętych w celu włączenia polityk w zakresie odpowiedzialnego prowadzenia działalności biznesowej w odniesieniu do organów zarządzających i nadzorczych przedsiębiorstwa;

d) zidentyfikowane przez przedsiębiorstwo obszary znaczącego oddziaływania lub ryzyk oraz zidentyfikowane, ocenione oraz spriorytetyzowane pod względem wagi negatywne skutki lub ryzyka, a także kryteria określania priorytetów w zakresie negatywnych skutków lub ryzyk;

e) wyniki przedsiębiorstwa w odniesieniu do oświadczeń i sprawozdań, o których mowa w punkcie 3a) i kodeksów, o których mowa w punkcie 3b), w tym działania podjęte w celu zapobiegania lub łagodzenia ryzyk lub skutków zidentyfikowanych w punkcie 3c) i 3d), w tym, w miarę możliwości, szacunkowe terminy i wskaźniki referencyjne do poprawy oraz ich rezultaty, w tym zapewnienie udziału lub współpraca w zakresie podejmowania działań zaradczych;

f) informacje na temat systemów audytu wewnętrznego, zarządzania ryzykiem i zgodności z regulacjami;

g) informacje na temat relacji z pracownikami i innymi interesariuszami;

h) dodatkowe informacje zgodnie z zaleceniami dotyczącymi ujawniania informacji na temat odpowiedzialnego prowadzenia działalności biznesowej, o których mowa w rozdziałach IV „Prawa człowieka" i VI „Środowisko".

4. Przedsiębiorstwa powinny przygotowywać i ujawniać informacje zgodnie z uznanymi międzynarodowymi standardami rachunkowości oraz standardami ujawniania informacji, a także powstrzymywać się od publikowania niepełnych lub niejasnych informacji. Coroczny audyt zewnętrzny powinien być przeprowadzany przez niezależnego, kompetentnego i wykwalifikowanego audytora zgodnie z uznanymi międzynarodowymi standardami audytu, etyki i niezależności w celu dostarczenia zarządowi i wspólnikom wystarczającej pewności, że sprawozdania finansowe zostały sporządzone, we wszystkich istotnych aspektach, zgodnie z obowiązującymi ramami sprawozdawczości finansowej. W celu zwiększenia wiarygodności informacji na temat odpowiedzialnego prowadzenia działalności biznesowej przedsiębiorstwa mogą wystąpić o zewnętrzne poświadczenie takich informacji.

Komentarz do rozdziału III: „Ujawnianie informacji"

30. Celem niniejszego rozdziału jest pomoc w kształtowaniu przejrzystości i odpowiedzialności wokół działalności przedsiębiorstw wielonarodowych. Jasne i kompletne informacje na temat przedsiębiorstw mają istotne znaczenie dla szeregu użytkowników, począwszy od akcjonariuszy, potencjalnych inwestorów oraz środowiska finansowego, a skończywszy na innych interesariuszach, takich jak pracownicy, społeczności lokalne, grupy skupione wokół konkretnego celu, rządy i szeroko rozumiane społeczeństwo. W celu lepszego zrozumienia przez społeczeństwo struktury i działalności przedsiębiorstw, ich polityk korporacyjnych i rezultatów ich stosowania w odniesieniu do kwestii środowiskowych, społecznych i ładu korporacyjnego, przedsiębiorstwa powinny być przejrzyste w swoich działaniach i odpowiadać na coraz bardziej wyrafinowane oczekiwania informacyjne społeczeństwa.

31. Pierwszy zbiór zaleceń dotyczących ujawniania informacji pokrywa się ze wskazaniami przedstawionymi w *Zasadach ładu korporacyjnego* [OECD/LEGAL/0413]. Zawarte w nich

adnotacje dostarczają dalszych wskazówek pozwalających interpretować zalecenia zawarte w *Wytycznych OECD*. Pierwszy zbiór zaleceń dotyczących ujawniania informacji koncentruje się głównie na spółkach notowanych w obrocie publicznym i wszystkich istotnych kwestiach dotyczących przedsiębiorstwa. Istotne informacje można zdefiniować jako informacje, których pominięcie lub zniekształcenie może mieć wpływ na ocenę wartości przedsiębiorstwa przez inwestora. Informacje te obejmują zazwyczaj wartość, czas i pewność przyszłych przepływów pieniężnych spółki. Istotne informacje można również zdefiniować jako informacje, które rozsądny inwestor uznałby za ważne przy podejmowaniu decyzji o inwestycji lub głosowaniu. W zakresie, w jakim zostaną one uznane za mające zastosowanie w świetle charakteru, wielkości i lokalizacji przedsiębiorstw, niniejsze zalecenia dotyczące ujawniania informacji mogą być również użytecznym narzędziem poprawy ładu korporacyjnego w przedsiębiorstwach nienotowanych na giełdzie, na przykład w przedsiębiorstwach prywatnych lub państwowych. Ten zbiór zaleceń dotyczących ujawniania informacji wymaga regularnego, terminowego, rzetelnego, jasnego, kompletnego, dokładnego i porównywalnego, wystarczająco szczegółowego informowania o wszystkich istotnych kwestiach dotyczących spółki, w tym informacji nt. sytuacji finansowej, wyników, zrównoważonego rozwoju, własności czy zarządzania przedsiębiorstwem. Informacje na temat wynagrodzeń członków zarządu i kadry kierowniczej są również przedmiotem zainteresowania akcjonariuszy, w tym informacje na temat związku między wynagrodzeniem a długoterminowymi wynikami, zrównoważonym rozwojem i odpornością przedsiębiorstwa. Od przedsiębiorstw oczekuje się także terminowego ujawniania informacji, w tym istotnych zmian w polityce wynagrodzeń stosowanej wobec członków zarządu i kluczowej kadry kierowniczej, a także poziomów wynagrodzeń lub kwot wynagrodzeń, prezentowanych w sposób znormalizowany i porównywalny, tak aby inwestorzy mogli ocenić koszty i korzyści planów wynagrodzeń oraz wpływu programów motywacyjnych, takich jak programy opcji na akcje na wyniki przedsiębiorstwa. Istotne transakcje z podmiotami powiązanymi i przewidywalne czynniki ryzyka stanowią dodatkowe istotne informacje, które powinny zostać ujawnione.

32. *Wytyczne OECD* zawierają także drugi zbiór zaleceń dotyczących ujawniania informacji na temat odpowiedzialnego prowadzenia działalności biznesowej, w tym informacji dotyczących faktycznych lub potencjalnych negatywnych oddziaływań przedsiębiorstwa na ludzi, środowisko i społeczeństwo oraz powiązanych procesów należytej staranności, które mogą mieć istotne znaczenie w procesie podejmowania decyzji przez inwestora i które mogą być również istotne dla szerszego grona interesariuszy, w tym między innymi pracowników, przedstawicieli pracowników, społeczności lokalnych i społeczeństwa obywatelskiego. W kontekście ujawniania informacji procesy należytej staranności, o których mowa w punkcie 3, mogą być użytecznym środkiem, za pomocą którego przedsiębiorstwa mogą zapewnić, że skutecznie identyfikują i komunikują istotne informacje dotyczące odpowiedzialnego prowadzenia działalności biznesowej w sposób spójny i wiarygodny, w tym informacje, które mogą być istotne. W ten sposób należyta staranność może być przydatna przedsiębiorstwom do celów identyfikowania istotnych ryzyk i skutków oraz zwiększania adekwatności, jakości i porównywalności ujawnianych informacji zgodnie z punktami 2 i 3. Ponadto procedury należytej staranności mogą być sposobem na zapewnienie wiarygodnej sprawozdawczości w odniesieniu do celów i zobowiązań przedsiębiorstwa, dla których mogą nie istnieć jasno określone lub wymierne cele. Kilka krajów dopuszcza uwzględnianie interesów interesariuszy lub wymaga

uwzględnienia interesów interesariuszy, a wiele przedsiębiorstw ujawnia informacje w szerszym zakresie niż tylko wyniki finansowe. W rezultacie przedsiębiorstwa te mogą wykazać zaangażowanie i wyniki w zakresie odpowiedzialnych praktyk biznesowych w bardziej ogólnym ujęciu. Ten drugi rodzaj ujawnianych informacji – czy komunikacji z opinią publiczną i innymi stronami znajdującymi się w strefie bezpośredniego oddziaływania przedsiębiorstwa lub oddziaływania powstającego w wyniku jego relacji biznesowych – może dotyczyć podmiotów, które wykraczają poza te objęte sprawozdaniem finansowym przedsiębiorstwa. Przykładowo, może to również dotyczyć informacji na temat działalności podwykonawców, dostawców, partnerów joint venture lub innych podmiotów, z którymi przedsiębiorstwo utrzymuje relacje biznesowe.

33. Zbiory ujawnień przedstawione w punkcie 2 i 3 są ze sobą powiązane i niektóre informacje mogą mieć istotne znaczenie dla obu zbiorów. W celu ustalenia, jakie informacje powinny zostać ujawnione zgodnie z punktem 2, *Wytyczne OECD* posługują się pojęciem istotności. Informacje, o których mowa w punkcie 2, w tym związane z kwestiami odpowiedzialnego prowadzenia działalności biznesowej i należytej staranności, można również uznać za istotne, jeżeli można racjonalnie oczekiwać, że ich pominięcie lub zniekształcenie może mieć wpływ na ocenę wartości przedsiębiorstwa przez inwestora, terminowość i pewność przyszłych przepływów pieniężnych przedsiębiorstwa lub na decyzje inwestycyjne lub decyzje dotyczące głosowania podejmowane przez inwestora. Określanie, które informacje są istotne, może zmieniać się w czasie oraz w zależności od kontekstu lokalnego, specyficznych okoliczności przedsiębiorstwa i wymogów prawnych. Użytkownicy informacji finansowych i uczestnicy rynku potrzebują informacji na temat racjonalnie przewidywalnych istotnych ryzyk, które mogą obejmować: ryzyka specyficzne dla branży lub obszarów geograficznych, w których działa przedsiębiorstwo; zależność od towarów i łańcuchów dostaw; ryzyko rynku finansowego, w tym ryzyko stopy procentowej lub ryzyko walutowe; ryzyka związane z instrumentami pochodnymi i transakcjami pozabilansowymi; ryzyko związane z prowadzeniem działalności biznesowej; ryzyko bezpieczeństwa cyfrowego; ryzyko braku zgodności oraz ryzyko związane ze zrównoważonym rozwojem, w szczególności ryzyko związane z klimatem. Niektóre kraje mogą również wymagać lub zalecać ujawnianie kwestii w zakresie zrównoważonego rozwoju o kluczowym znaczeniu dla pracowników przedsiębiorstwa i kluczowych interesariuszy lub wpływu przedsiębiorstwa na ryzyka niedywersyfikowalne.

34. W odniesieniu do informacji ujawnianych zgodnie z punktem 3, ryzyka i skutki, które mogą nie wydawać się istotne finansowo, ale które są istotne dla ludzi i planety, mogą w pewnym momencie stać się istotne finansowo dla przedsiębiorstwa.

35. Zalecenia dotyczące ujawniania informacji zawarte w niniejszym rozdziale, a także ogólnie w *Wytycznych OECD* nie powinny nakładać na przedsiębiorstwa niezasadnych obciążeń administracyjnych ani finansowych. Od przedsiębiorstw nie oczekuje się ujawniania informacji, które mogłyby zagrozić ich pozycji konkurencyjnej, chyba że takie ujawnienie jest niezbędne do pełnego poinformowania inwestorów o podejmowanych decyzjach również w celu uniknięcia wprowadzenia inwestorów w błąd.

36. Informacje powinny być przygotowywane i ujawniane zgodnie z uznanymi międzynarodowymi standardami rachunkowości i ujawniania informacji. Coroczny audyt zewnętrzny powinien być przeprowadzany przez niezależnego, kompetentnego i wykwalifikowanego audytora zgodnie z uznanymi międzynarodowymi standardami

audytu, etyki i niezależności by zapewnić wystarczającą pewność, że sprawozdania finansowe zostały sporządzone we wszystkich istotnych aspektach zgodnie z mającymi zastosowanie ramami sprawozdawczości finansowej.

37. Wiele przedsiębiorstw wprowadziło działania mające na celu pomoc im w przestrzeganiu prawa i standardów postępowania w biznesie oraz zwiększenia przejrzystości ich działalności. Coraz większa liczba przedsiębiorstw przyjmuje dobrowolne kodeksy postępowania korporacyjnego, które stanowią zobowiązania w zakresie przestrzegania międzynarodowych standardów lub wartości etycznych, takich jak ochrona środowiska, w tym zmiany klimatu, różnorodność biologiczna, prawa człowieka, standardy pracy, ochrona konsumentów czy opodatkowanie. Specjalistyczne systemy zarządzania zostały opracowane lub są w trakcie opracowywania i ciągle ewoluują, by wspierać przedsiębiorstwa w ich w przestrzeganiu, obejmują one systemy informacyjne, procedury operacyjne i wymagania szkoleniowe.

38. Przedsiębiorstwa mogą być zobowiązane do raportowania w oparciu o szersze standardy ujawniania informacji wymagane przez organy regulacyjne lub organy giełd papierów wartościowych. W przypadku, gdy jest to zgodne z wymogami prawnymi i wymogami dotyczącymi ujawniania informacji obowiązującymi w danym kraju, powinny dążyć do przyjęcia i dostosowania się do pojawiających się najlepszych praktyk globalnych i zmieniających się standardów ujawniania informacji, na przykład tych dotyczących klimatu i emisji. Przedsiębiorstwa współpracują z organizacjami pozarządowymi i międzyrządowymi przy opracowywaniu standardów sprawozdawczości, które zwiększają zdolność przedsiębiorstw do informowania o tym, w jaki sposób ich działalność wpływa na rezultaty w zakresie zrównoważonego rozwoju.

39. Przedsiębiorstwa zachęca się do proaktywnego przekazywania istotnych informacji dotyczących odpowiedzialnego prowadzenia działalności biznesowej, do dostarczania łatwo dostępnych, przyjaznych dla użytkownika, aktualnych, dokładnych, jasnych i kompletnych informacji, do zapewnienia ekonomicznego dostępu do publikowanych informacji oraz do rozważenia wykorzystania technologii informacyjnych do osiągnięcia tego celu. Informacje udostępniane użytkownikom na rynkach krajowych powinny być również dostępne dla wszystkich zainteresowanych użytkowników z uwzględnieniem zasad dostępności. Przedsiębiorstwa powinny dążyć do zapewnienia odpowiedniej prezentacji informacji dla różnych grup docelowych i mogą podejmować specjalne działania w celu udostępniania informacji społecznościom, które nie mają dostępu do mediów internetowych ani drukowanych (na przykład wspólnotom żyjących na odludnych terytoriach lub uboższym społecznościom, na które działalność przedsiębiorstwa oddziałuje bezpośrednio).

40. Weryfikacja informacji na temat odpowiedzialnego prowadzenia działalności biznesowej przez niezależny, kompetentny i wykwalifikowany podmiot zgodnie z uznanymi międzynarodowymi standardami weryfikacji może uzasadnić i zwiększyć zaufanie do ujawnianych informacji przyczyniając się tym samym do wyższej jakości i bardziej porównywalnej sprawozdawczości.

IV. Prawa człowieka

Ochrona praw człowieka jest obowiązkiem państw. Przedsiębiorstwa powinny, w ramach międzynarodowo uznanych praw człowieka oraz międzynarodowych zobowiązań w zakresie praw człowieka krajów, w których prowadzą działalność, jak również odpowiednich przepisów na poziomie prawa krajowego:

1. Szanować prawa człowieka, co oznacza, że powinny unikać naruszania praw człowieka innych osób oraz powinny reagować na negatywne skutki dla praw człowieka, jakie mogą powstawać w wyniku ich działalności.
2. W kontekście własnej działalności przedsiębiorstwa powinny unikać powodowania negatywnych skutków lub przyczyniania się do wystąpienia negatywnych skutków dla praw człowieka oraz reagować na te negatywne skutki w przypadku ich wystąpienia.
3. Poszukiwać sposobów na zapobieganie negatywnym skutkom dla praw człowieka lub łagodzenie tych negatywnych skutków, które wynikają bezpośrednio z ich działalności biznesowej lub są bezpośrednio powiązane z ich produktami lub usługami poprzez relacje biznesowe, nawet jeśli przedsiębiorstwa nie przyczyniają się do tych negatywnych skutków.
4. Posiadać ogólnie dostępną politykę zobowiązującą do poszanowania praw człowieka.
5. Przeprowadzać proces należytej staranności w zakresie praw człowieka stosownie do rozmiaru, charakteru i kontekstu prowadzonej działalności oraz wagi ryzyk wystąpienia negatywnych skutków dla praw człowieka.
6. W przypadku stwierdzenia, że negatywne skutki dla praw człowieka wynikają bezpośrednio z prowadzonej przez przedsiębiorstwa działalności lub że przedsiębiorstwa przyczyniły się do wystąpienia negatywnych skutków dla praw człowieka, przedsiębiorstwa powinny zapewniać zgodne z prawem procesy mające na celu zaradzenie negatywnym skutkom dla prawa człowieka lub współpracować w ramach takich procesów.

Komentarz do rozdziału IV: „Prawa człowieka"

41. Wstęp do niniejszego rozdziału określa ramy konkretnych zaleceń dotyczących poszanowania praw człowieka przez przedsiębiorstwa. Ich zakres oparto na ramowym dokumencie ONZ dotyczącym praw człowieka w działalności przedsiębiorstw zatytułowanym *Chronić, szanować i naprawiać* (*Protect, Respect and Remedy. Framework for Business and Human Rights*) i jest on zgodny z *Wytycznymi ONZ dotyczącymi biznesu i praw człowieka* w zakresie wdrażania ww. dokumentu, a także z *Trójstronną Deklaracją zasad dotyczących przedsiębiorstw wielonarodowych i polityki społecznej MOP*.

42. We wstępie oraz w punkcie 1 wskazano, że państwa mają obowiązek chronić prawa człowieka, a przedsiębiorstwa, niezależnie od rozmiaru, sektora, kontekstu prowadzenia działalności, własności i struktury, powinny szanować prawa człowieka wszędzie, w każdym miejscu prowadzenia działalności. Poszanowanie praw człowieka jest globalnym standardem postępowania oczekiwanym od przedsiębiorstw niezależnie od zdolności i/lub chęci państw do wywiązywania się z obowiązków w zakresie praw człowieka i nie umniejsza tych zobowiązań.

43. Sytuacja, w której państwo nie jest w stanie wprowadzić w życie stosownych praw krajowych lub wdrożyć praw człowieka lub działa w sposób niezgodny z prawem krajowym czy zobowiązaniami międzynarodowymi w zakresie praw człowieka, nie zmniejsza oczekiwań od przedsiębiorstw w zakresie poszanowania praw człowieka. Przedsiębiorstwa działające w państwach, w których krajowe przepisy prawa stoją w sprzeczności z międzynarodowo uznanymi prawami człowieka, powinny dążyć do poszukiwania sposobów na ich poszanowanie w możliwie najszerszym zakresie, na jaki pozwala prawo krajowe, zgodnie z zaleceniami sformułowanymi w punkcie A.2 rozdziału I „Koncepcje i zasady".

44. We wszystkich przypadkach i niezależnie od kraju lub konkretnego kontekstu działalności przedsiębiorstw, należy mieć na względzie międzynarodowo uznane prawa człowieka wyrażone w Międzynarodowej Karcie Praw Człowieka, składającej się z Powszechnej Deklaracji Praw Człowieka i głównych dokumentów, poprzez które została ona skodyfikowana: Międzynarodowego Paktu Praw Obywatelskich i Politycznych oraz Międzynarodowego Paktu Praw Gospodarczych, Społecznych i Kulturalnych, a także do zasad dotyczących praw podstawowych określonych w Deklaracji Międzynarodowej Organizacji Pracy dotyczącej Podstawowych Zasad i Praw w Pracy.

45. Przedsiębiorstwa mogą mieć wpływ praktycznie na całe spektrum uznanych międzynarodowo praw człowieka. W praktyce niektóre prawa człowieka mogą być bardziej naruszane w pewnych określonych branżach lub kontekstach działalności przedsiębiorstw i stąd będą one przedmiotem podwyższonej uważności. Sytuacje mogą jednak ulegać zmianom, w związku z czym wszystkie prawa powinny być poddawane okresowej weryfikacji. W zależności od okoliczności przedsiębiorstwa mogą być zmuszone rozważyć dodatkowe standardy. Przykładowo, przedsiębiorstwa powinny szanować prawa człowieka osób należących do określonych grup lub populacji wymagających szczególnej uwagi, jeśli działalność przedsiębiorstwa może powodować negatywne dla poszanowania praw człowieka tych osób. Przedsiębiorstwa powinny zwracać szczególną uwagę na wszelkie negatywne skutki swojej działalności w odniesieniu do osób fizycznych, na przykład obrońców praw człowieka, którzy mogą być narażeni na zwiększone ryzyko z powodu marginalizacji, wrażliwości na naruszenie ich praw lub innych okoliczności, indywidualnie lub jako członkowie określonych grup lub populacji, w tym ludności rdzennej. Wytyczne OECD dotyczące należytej staranności, w tym *Wytyczne OECD dotyczące należytej staranności w odpowiedzialnym prowadzeniu działalności biznesowej*, *Wytyczne OECD dotyczące należytej staranności w zakresie angażowania interesariuszy w sektorze wydobywczym* oraz *Wytyczne OECD-FAO dotyczące odpowiedzialnych łańcuchów dostaw w sektorze rolno-spożywczym* zawierają więcej praktycznych wytycznych w tym zakresie, w tym w odniesieniu do dobrowolnej, wcześniejszej i świadomej zgody (*free, prior and informed consent*, FPIC). Instrumenty Organizacji Narodów Zjednoczonych szerzej omawiają prawa ludności rdzennej (*Deklaracja ONZ o prawach ludności rdzennej*); osób należących do mniejszości narodowych lub etnicznych, religijnych i językowych; kobiet, dzieci, osób z niepełnosprawnościami oraz pracowników migrujących i ich rodzin. Ponadto w sytuacjach konfliktów zbrojnych przedsiębiorstwa powinny przestrzegać norm międzynarodowego prawa humanitarnego. W kontekście konfliktu zbrojnego lub zwiększonego ryzyka rażących naruszeń przedsiębiorstwa powinny przeprowadzać wzmocnione procesy należytej staranności w odniesieniu do negatywnych skutków, w tym naruszeń międzynarodowego prawa humanitarnego.

46. Wskazane powyżej w punkcie 1 „reagowanie" przedsiębiorstw na faktyczne i potencjalne negatywne skutki dla praw człowieka, jakie mogą powstawać w wyniku ich działalności,

polega na podejmowaniu odpowiednich działań w celu identyfikacji negatywnych skutków, o ile to możliwe – zapobiegania negatywnym skutkom i łagodzenia takich potencjalnych negatywnych skutków dla praw człowieka, podejmowania działań zaradczych w przypadku wystąpienia negatywnych skutkom oraz przyjmowania odpowiedzialności za sposób reagowania na powstające negatywne skutki dla praw człowieka. Termin „naruszanie" odnosi się do negatywnych skutków, jakie przedsiębiorstwo może powodować dla praw człowieka poszczególnych osób.

47. W punkcie 2 zaleca się, aby przedsiębiorstwa unikały powodowania lub przyczyniania się do wystąpienia negatywnych skutków dla praw człowieka, jakie mogą powstać w wyniku własnej działalności przedsiębiorstwa, oraz aby reagowały na takie skutki w przypadku ich wystąpienia. „Własna działalność" może obejmować zarówno działania, jak i ich zaniechanie. Jeśli działalność przedsiębiorstwa powoduje lub może spowodować negatywne skutki dla praw człowieka, powinno ono podejmować niezbędne działania, aby zaprzestać powodowania takich skutków lub zapobiec ich powstawaniu. W przypadku gdy przedsiębiorstwo przyczynia się lub może przyczynić się do wystąpienia negatywnych skutków, powinno podejmować niezbędne działania w celu zaprzestania powodowania takiego skutku lub zapobiec jego wywoływaniu oraz zastosować siłę swojego oddziaływania w celu łagodzenia wszelkich pozostałych skutków w największym możliwym zakresie. Siła oddziaływania przedsiębiorstwa jest uznawana za istniejącą, gdy przedsiębiorstwo ma możliwość wprowadzenia zmian w praktykach podmiotu, który powoduje negatywne skutki dla praw człowieka.

48. Punkt 3 odnosi się do bardziej złożonych sytuacji, w których przedsiębiorstwo nie przyczyniło się do powstania negatywnego skutku dla praw człowieka, ale wpływ ten jest jednak bezpośrednio powiązany z jego działalnością, produktami lub usługami poprzez relacje biznesowe z innym podmiotem. Zalecenia zawarte w punkcie 3 nie służą przeniesieniu odpowiedzialności z podmiotu powodującego negatywne skutki dla praw człowieka na przedsiębiorstwo, z którym podmiot ten jest powiązany relacją biznesową. Spełnienie oczekiwań określonych w punkcie 3 wiązałoby się z tym, że przedsiębiorstwo, działając samodzielnie lub, w stosownych przypadkach, we współpracy z innymi podmiotami, wykorzysta, a w razie potrzeby wzmocni swoją siłę oddziaływania, by wpłynąć na podmiot powodujący negatywny skutek dla praw człowieka, aby zapobiec temu negatywnemu skutkowi lub go złagodzić. „Relacje biznesowe" obejmują relacje z partnerami biznesowymi, podmiotami w łańcuchu dostaw oraz wszelkimi innymi podmiotami niepaństwowymi lub państwowymi bezpośrednio powiązanymi z działalnością biznesową przedsiębiorstw, ich produktami lub usługami. Do czynników branych pod uwagę przy ustalaniu odpowiednich działań w takich sytuacjach należą: wpływ przedsiębiorstwa na dany podmiot, istotność relacji biznesowej dla przedsiębiorstwa, dotkliwość negatywnego skutku oraz to, czy zakończenie relacji biznesowej z danym podmiotem spowodowałoby negatywne skutki dla praw człowieka.

49. W punkcie 4 zaleca się, aby przedsiębiorstwa wyrażały swoje zobowiązanie do poszanowania praw człowieka w postaci publicznie dostępnej polityki, która 1) została zatwierdzona na najwyższym szczeblu przedsiębiorstwa; 2) została wypracowana w oparciu o stosowną wiedzę specjalistyczną ekspertów wewnętrznych i/lub zewnętrznych; 3) określa oczekiwania przedsiębiorstwa w zakresie praw człowieka wobec pracowników, partnerów biznesowych i innych stron bezpośrednio związanych z działalnością przedsiębiorstwa, jego produktami lub usługami, 4) jest komunikowana wewnętrznie

i zewnętrznie całemu personelowi, partnerom biznesowym i innym stosownym stronom,
5) znajduje odzwierciedlenie w niezbędnych do stosowania politykach operacyjnych i innych procedurach ich w całym przedsiębiorstwie.

50. W punkcie 5 zaleca się, aby przedsiębiorstwa przeprowadzały proces należytej staranności w zakresie praw człowieka. Proces ten obejmuje ocenę faktycznych i potencjalnych negatywnych skutków dla praw człowieka, integrację ustaleń z oceny i podejmowanie działań na ich podstawie, monitorowanie reakcji na pojawiające się negatywne skutki, a także komunikowanie o sposobach postępowania w przypadku wystąpienia negatywnych skutków. Należytą staranność w zakresie praw człowieka można włączyć do szerszych systemów zarządzania ryzykiem przedsiębiorstwa, pod warunkiem że wykracza to poza zwykłą identyfikację i zarządzanie istotnym ryzykiem dla samego przedsiębiorstwa, do celów uwzględnienia ryzyka ponoszonego przez osoby, których prawa mogą zostać naruszone w wyniku działalności przedsiębiorstwa. Proces należytej staranności ma charakter ciągły i uwzględnia fakt, że ryzyka związane z prawami człowieka mogą ulegać zmianom w czasie wraz z rozwojem działalności przedsiębiorstwa i kontekstu jej prowadzenia. Uzupełniające wytyczne dotyczące należytej staranności, w tym w odniesieniu do łańcuchów dostaw, oraz odpowiednich reakcji na ryzyka mogące wystąpić w łańcuchach dostaw znajdują się w punktach od A.11 do A.13 rozdziału II „Zasady ogólne" oraz w komentarzach do tego rozdziału. Ponadto opracowano dodatkowe wytyczne dla określonych sektorów i obszarów ryzyk, jak również na poziomie międzysektorowym w ramach *Wytycznych OECD dotyczących należytej staranności w odpowiedzialnym prowadzeniu działalności biznesowej*. Przeprowadzenie należytej staranności w zakresie praw człowieka może wiązać się z uwzględnieniem różnych i krzyżujących się ryzyk, w tym tych związanych z indywidualnymi cechami lub grupami szczególnie wrażliwymi na naruszenie ich praw lub marginalizowanymi. Angażowanie kluczowych interesariuszy ma w tym względzie istotne znaczenie, podobnie jak rozważenie sposobów maksymalizacji osiągnięcia rezultatów zrównoważonego rozwoju w odniesieniu do takich grup.

51. W przypadku gdy przedsiębiorstwa zidentyfikują w ramach procedury należytej staranności w zakresie praw człowieka lub w inny sposób, że spowodowały negatywne skutki dla praw człowieka lub przyczyniły się do ich wystąpienia, *Wytyczne OECD* zalecają, aby przedsiębiorstwa zapewniały ich naprawę lub podejmowały współpracę w zakresie zgodnych z prawem mechanizmów zaradczych. Przedsiębiorstwa powinny ustanowić procedury lub uczestniczyć w procesach umożliwiających działania zaradcze. W niektórych sytuacjach wymagana jest współpraca z sądowymi lub państwowymi mechanizmami pozasądowymi. W innych sytuacjach mechanizmy skargowe na poziomie operacyjnym w przypadku osób potencjalnie dotkniętych skutkami działalności przedsiębiorstw mogą być skutecznym działaniem, jeśli spełniają podstawowe kryteria, jak: legalność, dostępność, przewidywalność, sprawiedliwość, zgodność z *Wytycznymi OECD*, przejrzystość, zgodność z prawem oraz stanowią one źródło ustawicznego kształcenia i są oparte na dialogu i zaangażowaniu w poszukiwanie osiągnięcia uzgodnionych rozwiązań. Takie mechanizmy mogą być zarządzane przez przedsiębiorstwo samodzielnie lub we współpracy z innymi interesariuszami i mogą być źródłem ustawicznego kształcenia. Operacyjne mechanizmy skargowe nie powinny być wykorzystywane do zmniejszenia roli, jaką odgrywają związki zawodowe w rozwiązywaniu sporów pracowniczych, czy uniemożliwienia dostępu do mechanizmów sądowych i pozasądowych, włączając w to Krajowe Punkty Kontaktowe OECD ustanowionych zgodnie z *Wytycznymi OECD*.

V. Zatrudnienie i relacje z pracownikami

Przedsiębiorstwa powinny, w ramach obowiązujących przepisów prawa, regulaminów i istniejących stosunków pracy i praktyk zatrudnienia oraz mających zastosowanie międzynarodowych standardów pracy, unikając wszelkich niezgodnych z prawem praktyk w zakresie zatrudnienia i relacji z pracownikami oraz zgodnie z oczekiwaniami dotyczącymi należytej staranności opisanymi w rozdziale II „Zasady ogólne" i rozdziale IV „Prawa człowieka":

1.

a) szanować prawo pracowników do tworzenia związków zawodowych i organizacji przedstawicielskich lub przystępowania do nich wedle własnego wyboru, w tym poprzez unikanie ingerowania w decyzje pracowników dotyczące zakładania lub przystępowania do związków zawodowych lub organizacji przedstawicielskich wedle własnego wyboru;

b) szanować prawo pracowników do posiadania związków zawodowych i organizacji przedstawicielskich wedle własnego wyboru do celów rokowań zbiorowych oraz angażowania się w konstruktywne negocjacje, indywidualnie albo za pośrednictwem stowarzyszeń pracodawców, z takimi przedstawicielami w celu osiągnięcia porozumień w zakresie warunków zatrudnienia;

c) przyczyniać się do skutecznego zniesienia pracy dzieci oraz podejmować natychmiastowe i skuteczne działania w celu zapewnienia natychmiastowej eliminacji najgorszych form pracy dzieci;

d) przyczyniać się do eliminacji wszystkich form pracy przymusowej lub obowiązkowej oraz podejmować natychmiastowe i skuteczne działania w celu natychmiastowego wyeliminowania pracy przymusowej lub obowiązkowej;

e) w prowadzonej przez siebie działalności przedsiębiorstwa powinny kierować się zasadą równości szans i równego traktowania w zatrudnieniu oraz nie dyskryminować swoich pracowników w kontekście zatrudnienia lub wykonywania zawodu z takich przyczyn, jak rasa, kolor skóry, płeć, wiek, religia, poglądy polityczne, pochodzenie narodowe lub społeczne, niepełnosprawność lub inny status, chyba że selektywność dotycząca cech pracowników sprzyja ustalonej polityce rządowej, która w szczególności promuje większą równość szans zatrudnienia lub jest związana z konkretnymi wymogami związanymi z wykonywaną pracą;

f) zapewniać bezpieczne i zdrowe środowisko pracy zgodnie z *Deklaracją MOP dotyczącą podstawowych zasad i praw w pracy*.

2.

a) zapewniać przedstawicielom pracowników takie udogodnienia, jakie mogą być niezbędne w opracowywaniu skutecznych układów zbiorowych;

b) terminowo przekazywać przedstawicielom pracowników informacje niezbędne do prowadzenia konstruktywnych negocjacji w sprawie warunków zatrudnienia;

c) dostarczać pracownikom i ich przedstawicielom informacji umożliwiających im uzyskanie prawdziwego i rzetelnego obrazu wyników podmiotu lub, w stosownych przypadkach, przedsiębiorstwa jako całości.

3. Promować konsultacje i współpracę między pracodawcami a pracownikami i ich przedstawicielami w ramach zgodnych z prawem procedur, struktur lub mechanizmów w sprawach będących przedmiotem wspólnego zainteresowania.

4.

a) w prowadzonej przez siebie działalności przedsiębiorstwa powinny przestrzegać standardów zatrudnienia, ustaleń umownych i stosunków pracy;

b) w przypadku, gdy przedsiębiorstwa wielonarodowe prowadzą działalność w innych krajach, wynagrodzenia, świadczenia i warunki pracy oferowane w ramach takiej działalności nie powinny być mniej korzystne dla pracowników niż te oferowane przez porównywalnych pracodawców w danym kraju. W przypadku gdy nie istnieją porównywalni z danym przedsiębiorstwem pracodawcy, przedsiębiorstwa powinny zapewnić możliwie najlepsze wynagrodzenia, świadczenia i warunki pracy w ramach polityki rządowej i mających zastosowanie standardów międzynarodowych. Powinny one być związane z sytuacją ekonomiczną przedsiębiorstwa oraz być co najmniej wystarczające do zaspokojenia podstawowych potrzeb pracowników i ich rodzin;

c) w prowadzonej przez siebie działalności przedsiębiorstwa powinny przestrzegać najwyższych standardów bezpieczeństwa i higieny pracy.

5. W ramach swojej działalności, w najwyższym możliwym do realizacji zakresie, przedsiębiorstwa powinny zatrudniać lokalnych pracowników i zapewniać szkolenia w celu podwyższenia poziomu ich umiejętności, we współpracy z przedstawicielami pracowników i w stosownych przypadkach z odpowiednimi organami rządowymi.

6. Rozważając zmiany w swojej działalności, które miałyby poważne skutki dla zatrudnienia, w szczególności w przypadku likwidacji podmiotu wiążącej się ze zwolnieniami grupowymi, przedsiębiorstwa powinny zawiadomić o takich zmianach przedstawicieli pracowników, których to dotyczy, i ich organizacji oraz, w stosownych przypadkach, odpowiednie organy rządowe, a także współpracować z przedstawicielami pracowników i odpowiednimi organami rządowymi, aby w maksymalnie możliwym zakresie złagodzić niekorzystne skutki takich zmian. W kontekście okoliczności specyficznych dla każdego przypadku byłoby właściwe, gdyby kierownictwo mogło przekazać takie powiadomienie przed podjęciem ostatecznej decyzji. Można również zastosować inne środki, aby zapewnić znaczącą współpracę w celu złagodzenia skutków takich decyzji.

7. W kontekście prowadzonych w dobrej wierze negocjacji z przedstawicielami pracowników w sprawie warunków zatrudnienia lub w czasie, gdy pracownicy korzystają z prawa do organizowania się, przedsiębiorstwa nie powinny uciekać się do gróźb przeniesienia całości lub części jednostki operacyjnej z danego kraju ani nie przenosić pracowników z jednostek wchodzących w skład przedsiębiorstw w innych krajach w celu nieuczciwego wywarcia wpływu na te negocjacje lub utrudnienia korzystania z wolności zrzeszania się lub rokowań zbiorowych.

8. Przedsiębiorstwa powinny umożliwić upoważnionym przedstawicielom zatrudnionych przez siebie pracowników negocjowanie układów zbiorowych pracy lub kwestii dotyczących stosunków między pracownikami a kierownictwem oraz umożliwiać stronom konsultowanie się w sprawach będących przedmiotem wspólnego zainteresowania z przedstawicielami kierownictwa upoważnionymi do podejmowania decyzji w tych sprawach.

Komentarz do rozdziału V: „Zatrudnienie i relacje z pracownikami"

52. Niniejszy rozdział otwiera wstęp zawierający odniesienie do „obowiązujących" przepisów prawa i regulacji, co ma na celu podkreślenie, że przedsiębiorstwa wielonarodowe, prowadząc działalność na terytorium poszczególnych krajów, mogą podlegać regulacjom krajowym i międzynarodowym w przypadku spraw dotyczących zatrudnienia i relacji z pracownikami. Terminy „istniejące stosunki pracy" i „praktyki zatrudnienia" mają wystarczająco szeroki zakres znaczeniowy, aby umożliwić różne interpretacje w świetle różnych okoliczności krajowych, przykładowo, różnych opcji negocjacyjnych przewidzianych dla pracowników na mocy krajowych przepisów prawa.

53. Międzynarodowa Organizacja Pracy (MOP) jest organem właściwym do ustanawiania i stosowania międzynarodowych standardów pracy, a także do promowania podstawowych praw w pracy, zgodnie z *Deklaracją MOP dotyczącą podstawowych zasad i praw w pracy*. *Wytyczne OECD*, jako niewiążący dokument, odgrywają rolę w promowaniu przestrzegania tych standardów i zasad wśród przedsiębiorstw wielonarodowych. Postanowienia niniejszego rozdziału odzwierciedlają odpowiednie postanowienia *Deklaracji MOP*, a także *Trójstronnej deklaracji zasad dotyczących przedsiębiorstw wielonarodowych i polityki społecznej MOP* (*Deklaracja MOP dotycząca przedsiębiorstw wielonarodowych*). *Deklaracja MOP dotycząca przedsiębiorstw wielonarodowych* określa zasady w zakresie zatrudnienia, szkoleń, warunków pracy i stosunków pracowniczych, podczas gdy *Wytyczne OECD* obejmują wszystkie główne aspekty zachowań korporacyjnych. *Wytyczne* OECD i *Deklaracja MOP dotycząca przedsiębiorstw wielonarodowych* odnoszą się do zachowań oczekiwanych od przedsiębiorstw i mają obowiązywać równolegle, a nie w sprzeczności ze sobą. *Deklaracja MOP dotycząca przedsiębiorstw wielonarodowych* może zatem być przydatna w zrozumieniu *Wytycznych OECD* w zakresie, w jakim jest ona bardziej szczegółowa.

Obowiązki w zakresie procedur monitorowania w ramach *Deklaracji MOP dotyczącej przedsiębiorstw wielonarodowych* oraz *Wytycznych OECD* są instytucjonalnie odrębne.

54. Terminologia stosowana w rozdziale V „Zatrudnienie i relacje z pracownikami" jest zgodna z terminologią stosowaną w *Deklaracji MOP dotyczącej przedsiębiorstw wielonarodowych*. Uznaje się, że w przypadku braku stosunku pracy od przedsiębiorstw oczekuje się jednak postępowania zgodnie z zaleceniami dotyczącymi należytej staranności opartej na analizie ryzyka i zaleceń w zakresie łańcucha dostaw, zawartymi w punktach od A.11 do A.14. rozdziału II „Zasady ogólne". Jest to szczególnie istotne w przypadku sektorów, w których bardziej powszechne mogą być nieformalne sytuacje, gdzie stosowane są krótkoterminowe umowy o pracę, brakuje godnych warunków pracy oraz widoczna jest transformacja cyfrowa.

55. Zalecenia te nie ingerują w prawdziwe relacje o charakterze cywilnym i handlowym, ale raczej mają na celu zapewnienie osobom związanym stosunkiem pracy ochrony, która jest im należna w kontekście *Wytycznych OECD*.

56. Punkt 1 niniejszego rozdziału służy omówieniu wszystkich podstawowych zasad i praw pracy wynikających z *Deklaracji MOP dotyczącej podstawowych zasad oraz praw w pracy*, a mianowicie wolności zrzeszania się i prawa do rokowań zbiorowych, skutecznego zniesienia pracy dzieci, eliminacji wszelkich form pracy przymusowej lub obowiązkowej niedyskryminacji w zatrudnieniu i wykonywaniu zawodu oraz promowania bezpiecznego

i higienicznego środowiska pracy. Te zasady i prawa zostały opracowane w postaci specjalnych praw i obowiązków ujętych w Konwencjach MOP uznanych za fundamentalne.

57. W punkcie 1c) zaleca się, aby przedsiębiorstwa wielonarodowe przyczyniały się do skutecznego zniesienia pracy dzieci w rozumieniu *Deklaracji MOP dotyczącej podstawowych zasad i praw w pracy*. Od dawna obowiązującymi instrumentami MOP w zakresie pracy dzieci są *Konwencja nr 138* i *Zalecenie nr 146* (oba przyjęte w 1973 r.), dotyczące minimalnego wieku zatrudnienia, oraz *Konwencja nr 182* i *Zalecenie nr 190,* dotyczące najgorszych form pracy dzieci. Poprzez stosowane praktyki w zakresie zarządzania pracą, kreowania wysokiej jakości, dobrze płatnej, godnej pracy i wkładu we wzrost gospodarczy, przedsiębiorstwa wielonarodowe mogą odgrywać pozytywną rolę w zwalczaniu podstawowych przyczyn ubóstwa, a w szczególności pracy dzieci. Uznanie i wspieranie roli przedsiębiorstw wielonarodowych w przyczynianiu się do poszukiwania trwałego rozwiązania problemu pracy dzieci ma istotne znaczenie. W tym względzie na szczególną uwagę zasługuje podnoszenie standardów edukacji dzieci mieszkających w krajach przyjmujących.

58. W punkcie 1d) zaleca się, aby przedsiębiorstwa przyczyniały się do eliminacji wszelkich form pracy przymusowej i obowiązkowej, co jest kolejną zasadą wywodzącą się z *Deklaracji MOP dotyczącej podstawowych zasad i praw w pracy* i uznaną za prawo człowieka do wolności od pracy przymusowej i obowiązkowej ujęte w *Międzynarodowym Pakcie Praw Obywatelskich i Politycznych* (MPPOiP). Odniesienie do tego podstawowego prawa pracy opiera się na *Konwencji nr 29 z 1930 r.* i *Protokole do tej konwencji z 2014 r.* oraz na *Konwencji nr 105 z 1957 r. Konwencja nr 29* wzywa rządy do „zniesienia pracy przymusowej lub obowiązkowej we wszystkich jej formach w możliwie najkrótszym czasie", podczas gdy *Konwencja nr 105* wzywa rządy do „zniesienia i niekorzystania z jakiejkolwiek formy pracy przymusowej lub obowiązkowej" do pewnych wymienionych celów (na przykład jako środka przymusu politycznego lub dyscypliny pracy) oraz „do podjęcia skutecznych środków w celu zapewnienia [jej] natychmiastowego i całkowitego zniesienia". Jednocześnie przyjmuje się, że MOP jest organem kompetentnym do zajęcia się trudną kwestią pracy więźniów, w szczególności jeśli chodzi o wynajmowanie więźniów (lub oddawanie ich do dyspozycji) osobom prywatnym, przedsiębiorstwom lub stowarzyszeniom. Przedsiębiorstwa powinny podjąć niezbędne kroki, aby zapobiegać handlowi ludźmi, w tym do pracy przymusowej, oraz przeciwdziałać stosowaniu środków przymusu, w tym przymusowego „odpracowywania długów". Przedsiębiorstwa powinny odnosić się do wskaźników wskazanych we *Wskaźnikach pracy przymusowej MOP* i zwiększać przejrzystość działań podejmowanych w celu reagowania na ryzyko pracy przymusowej w związku z ich działalnością, produktami i usługami.

59. Uznaje się, że odniesienie do zasady niedyskryminacji w odniesieniu do zatrudnienia i pracy w punkcie 1e) ma zastosowanie do takich warunków, jak zatrudnianie, przydzielony zakres pracy, zwolnienie, wynagrodzenie i świadczenia, awans, przeniesienie lub relokacja, rozwiązanie umowy, szkolenie i przejście na emeryturę. Według listy niedopuszczalnych przyczyn dyskryminacji wynikającej z *Konwencji nr 111 dotyczącej dyskryminacji w zatrudnieniu i wykonywaniu zawodu, Konwencji nr 100, Konwencji nr 183 dotyczącej ochrony macierzyństwa, Konwencji nr 159 dotyczącej zatrudnienia (osób niepełnosprawnych), Zalecenia 162 dotyczącego starszych pracowników oraz Zalecenia 200 MOP dotyczącego HIV i AIDS w miejscu pracy*, wszelkie rozróżnienia, wykluczenia lub

preferencje z tych powodów stanowią naruszenie obowiązujących konwencji, zaleceń i kodeksów. Termin „inny status" dla celów *Wytycznych OECD* odnosi się do działalności związków zawodowych i cech osobistych, takich jak wiek, niepełnosprawność, płeć, ciąża, stan cywilny, orientacja seksualna lub status HIV. Zgodnie z postanowieniami punktu 1e), od przedsiębiorstw oczekuje się promowania równych szans dla wszystkich, ze szczególnym naciskiem na równe kryteria wyboru, wynagrodzenia, szkolenia i awansu oraz jednakowego zastosowania tych kryteriów, a także zapobiegania dyskryminacji lub zwolnieniom ze względu na małżeństwo, ciążę lub pracowników mających obowiązki rodzinne. W tym względzie istotne znaczenie ma *Konwencja nr 190 dotycząca przemocy i molestowania*.

60. W punkcie 1f) zaleca się wszystkim przedsiębiorstwom zapewnienie bezpieczeństwa i higieny pracy, w tym poprzez zapobieganie wypadkom i uszczerbkom na zdrowiu wynikającym z wykonywania pracy, związanym z jej wykonywaniem lub powstającym w trakcie jej wykonywania, poprzez ograniczanie do minimum, w stopniu, w jakim jest to praktycznie możliwe, przyczyn zagrożeń nieodłącznie związanych ze środowiskiem pracy.

61. Zgodnie z punktem 2c) niniejszego rozdziału, informacje przekazywane przez przedsiębiorstwa swoim pracownikom i ich przedstawicielom powinny przedstawiać „prawdziwy i rzetelny obraz" działalności przedsiębiorstwa. Dotyczy to następujących kwestii: struktura przedsiębiorstwa, sytuacja ekonomiczna i finansowa oraz perspektywy przedsiębiorstwa, negatywne skutki dla środowiska, bezpieczeństwa i higieny pracy, tendencje w zatrudnianiu oraz oczekiwane istotne zmiany w prowadzonej działalności, z uwzględnieniem zasadnych wymogów dotyczących tajemnicy handlowej. Wskazanie na tajemnicę handlową może oznaczać, że informacje dotyczące niektórych punktów mogą w ogóle nie zostać przekazane lub mogą zostać ujawnione z pewnymi ograniczeniami.

62. Odniesienie w punkcie 3 rozdziału do konsultacyjnych form uczestnictwa pracowników pochodzi z *Zalecenia nr 94 MOP dotyczącego konsultacji i współpracy między pracodawcami i pracownikami na poziomie przedsiębiorstwa*. Jest ono również zgodne z postanowieniami *Deklaracji MOP dotyczącej przedsiębiorstw wielonarodowych*. Takie ustalenia konsultacyjne nie zastępują przysługującego pracownikom prawa do negocjowania warunków zatrudnienia. Zalecenie dotyczące uzgodnień konsultacyjnych w odniesieniu do warunków pracy stanowi także element punktu 8.

63. W punkcie 4 standardy zatrudnienia i stosunki pracy są rozumiane jako uwzględniające ustalenia dotyczące odszkodowań i czasu pracy. Odniesienie do bezpieczeństwa i higieny pracy oznacza, że od przedsiębiorstw wielonarodowych oczekuje się przestrzegania istniejących standardów regulacyjnych i norm branżowych mających na celu minimalizowanie ryzyka wypadków i uszczerbku na zdrowiu w wyniku wykonywania pracy, w związku z pracą lub w okresie zatrudnienia. W ten sposób przedsiębiorstwa zachęca się do pracy nad podnoszeniem poziomu wyników osiąganych w zakresie bezpieczeństwa i higieny pracy we wszystkich obszarach prowadzonej działalności, nawet jeśli w krajach prowadzenia działalności nie jest to formalnie wymagane przepisami prawa. Przedsiębiorstwa zachęca się także do poszanowania prawa pracowników do rozwiązania stosunku pracy w przypadku, gdy istnieje uzasadnione przekonanie, że stanowi on bezpośrednie i poważne zagrożenie dla zdrowia lub bezpieczeństwa. W celu podkreślenia znaczenia i komplementarności powiązanych zaleceń, kwestie zdrowia i bezpieczeństwa omówiono w innych częściach *Wytycznych OECD*, w szczególności w rozdziałach

dotyczących interesów konsumentów i ochrony środowiska. *Zalecenie nr 194 MOP dotyczące wykazu chorób zawodowych* zawiera orientacyjny wykaz chorób zawodowych, a także kodeksów postępowania i przewodników, które przedsiębiorstwa mogą uwzględniać przy wdrażaniu tego zalecenia *Wytycznych OECD*. Dodatkowe wskazówki dla przedsiębiorstw dotyczące bezpieczeństwa i higieny pracy udostępniono w części IV (Działania na poziomie przedsiębiorstw) *Konwencji nr 155 dotyczącej bezpieczeństwa i higieny pracy* oraz w *Wytycznych dotyczących systemów zarządzania bezpieczeństwem i higieną pracy* (MOP BHP).

64. Zalecenie zawarte w punkcie 5 niniejszego rozdziału zachęca przedsiębiorstwa wielonarodowe do zatrudniania odpowiedniej liczby pracowników, w tym kadry kierowniczej, na szczeblu lokalnym oraz do zapewniania im szkoleń. Szkolenia w zakresie podnoszenia i zmiany kwalifikacji powinny uwzględniać możliwość zmian w działalności i potrzebach pracodawców, w tym tych będących odpowiedzią na zmiany społeczne, środowiskowe, technologiczne, a także ryzyka i możliwości związane z automatyzacją, cyfryzacją, sprawiedliwą transformacją i zrównoważonym rozwojem. Zawarte w tym punkcie sformułowania dotyczące szkoleń i poziomów umiejętności mają charakter uzupełniający w stosunku do treści punktu A.4 rozdziału II „Zasady ogólne" dotyczących zachęcania do kształcenia kapitału ludzkiego. Odniesienie do pracowników lokalnych jest uzupełnieniem treści punktu A.3 rozdziału II „Zasady ogólne" zachęcającego do kształtowania lokalnego potencjału. W myśl *Zalecenia nr 195 MOP dotyczącego rozwoju zasobów ludzkich*, przedsiębiorstwa są również zachęcane do inwestowania, w możliwie największym zakresie, w szkolenia i kształcenie ustawiczne, przy jednoczesnym zapewnieniu równych szans w zakresie szkoleń dla kobiet i innych grup społecznych wrażliwych na naruszenie ich praw, takich jak młodzież, osoby o niskich kwalifikacjach, osoby z niepełnosprawnościami, migranci, starsi pracownicy i ludność rdzenna.

65. Przedsiębiorstwa odgrywają ważną rolę w promowaniu i zapewnianiu godnych warunków pracy. Zgodnie z punktem 6, przedsiębiorstwa powinny zawiadamiać z odpowiednim wyprzedzeniem przedstawicieli pracowników i odpowiednie organy rządowe o zmianach swojej działalności mogących mieć istotny wpływ na warunki życia zatrudnianych pracowników, w szczególności o zaprzestaniu działalności czy przejściu na automatyzację wiążącą się ze zwolnieniami grupowymi lub masowymi. Jak wskazano, celem tego zalecenia jest umożliwienie współpracy w celu złagodzenia skutków takich zmian. Jest to istotne zalecenie, znajdujące szerokie odzwierciedlenie w przepisach i praktykach dotyczących relacji z pracownikami w państwach wdrażających *Wytyczne OECD*, chociaż podejścia przyjęte w celu zapewnienia możliwości prowadzenia znaczącej współpracy nie są identyczne we wszystkich tych krajach. Zgodnie z treścią tego punktu właściwe byłoby także, by w określonych okolicznościach zarządzający przedsiębiorstwem mieli możliwość przekazania takiego zawiadomienia przed podjęciem ostatecznej decyzji. Zawiadomienie przed podjęciem ostatecznej decyzji jest w rzeczy samej cechą przepisów i praktyk dotyczących stosunków pracy w wielu krajach wdrażających *Wytyczne OECD*. Nie jest to jednak jedyny sposób na zapewnienie możliwości prowadzenia znaczącej współpracy w celu złagodzenia skutków takich decyzji, a przepisy i praktyki innych państw wdrażających *Wytyczne OECD* przewidują możliwość podejmowania innych działań, takich jak wyznaczanie okresów, w których muszą zostać przeprowadzone konsultacje przed wdrożeniem takich decyzji.

VI. Środowisko

Przedsiębiorstwa odgrywają kluczową rolę w rozwoju zrównoważonych gospodarek i mogą przyczyniać się do efektywnego i skutecznego reagowania na globalne, regionalne i lokalne wyzwania środowiskowe, w tym na poważne zagrożenie zmianą klimatu. W ramach przepisów ustawowych, wykonawczych i praktyk administracyjnych w krajach, w których przedsiębiorstwa prowadzą działalność, a także mając na uwadze stosowne umowy międzynarodowe, zasady, cele i standardy, przedsiębiorstwa powinny prowadzić działalność w sposób należycie uwzględniający potrzebę ochrony środowiska, a w konsekwencji również ochronę pracowników, społeczności i szeroko rozumianego społeczeństwa, oraz w sposób umożliwiający unikanie powodowania negatywnych skutków dla środowiska i reagowanie na takie negatywne skutki w przypadku ich powstania oraz przyczyniający się do realizacji bardziej ogólnego celu, jakim jest zrównoważony rozwój. Przedsiębiorstwa mogą być zaangażowane w szereg niekorzystnych dla środowiska skutków. Należą do nich między innymi:

a) zmiana klimatu;

b) utrata różnorodności biologicznej;

c) degradacja ekosystemów lądowych, morskich i słodkowodnych;

d) wylesienie;

e) zanieczyszczenie powietrza, wody i gleby;

f) niewłaściwe gospodarowanie odpadami, w tym substancjami niebezpiecznymi.

W komentarzu do niniejszego rozdziału przedstawiono istotne różnice w kontekście oddziaływania przedsiębiorstw na środowisko, w tym w odniesieniu do zmiany klimatu oraz tego, jak należy rozpatrywać związek pojedynczego przedsiębiorstwa z takim wpływem w rozumieniu stosownych standardów.

Przedsiębiorstwa powinny w szczególności:

1. Ustanowić i utrzymywać system zarządzania środowiskowego odpowiedni dla przedsiębiorstwa, związany z działalnością, produktami i usługami przedsiębiorstwa w całym ich cyklu życia, w tym poprzez wdrażanie należytej staranności opartej na ryzyku, jak opisano to w rozdziale II „Zasady ogólne”, w odniesieniu do negatywnych skutków dla środowiska, w tym poprzez:
    a) identyfikację i ocenę negatywnych skutków dla środowiska związanych z działalnością, produktami lub usługami przedsiębiorstwa, w tym poprzez gromadzenie i ocenę odpowiednich i aktualnych informacji dotyczących negatywnych skutków związanych z działalnością, produktami i usługami przedsiębiorstwa oraz w sytuacji, gdy działalność przedsiębiorstwa może znacząco negatywnie oddziaływać na środowisko, przygotowanie stosownej oceny wpływu środowiskowego;
    b) ustanawianie i wdrażanie wymiernych celów, zadań i strategii, by reagować na negatywne skutki dla środowiska związane z działalnością, produktami i usługami przedsiębiorstwa oraz w celu poprawy efektywności środowiskowej. Wskazane powyżej zadania powinny

być oparte na podstawach naukowych, być spójne z stosownymi politykami krajowymi oraz zobowiązaniami międzynarodowymi i celami przyjętymi w tym zakresie, a także realizowane w oparciu o najlepsze praktyki;

c) regularne weryfikowanie skuteczności strategii i monitorowanie postępów w realizacji celów i zadań środowiskowych, a także okresowe weryfikowanie dalszej adekwatności celów, zadań i strategii;

d) dostarczanie społeczeństwu, pracownikom i innym właściwym interesariuszom odpowiednich, wymiernych, weryfikowalnych (w stosownych przypadkach) i terminowych informacji na temat wpływów środowiskowych związanych z działalnością, produktami i usługami przedsiębiorstwa, w oparciu o najlepsze dostępne informacje, oraz na temat postępów w realizacji celów i zadań, o których mowa w punkcie 1b);

e) zapewnienie, wtedy gdy jest to konieczne, odpowiednich działań zaradczych w odpowiedzi na negatywne skutki dla środowiska, powstałe w wyniku działalności przedsiębiorstwa lub do których przedsiębiorstwo się przyczyniło albo zaangażowanie się przedsiębiorstwa we współpracę w ramach takich środków zaradczych oraz użycie siły oddziaływania przedsiębiorstwa w odniesieniu do innych podmiotów powodujących lub przyczyniających się do negatywnych skutków dla środowiska w celu uruchomienia odpowiednich działań zaradczych.

2. Umożliwiać znaczące angażowanie się we współpracę z odpowiednimi interesariuszami, którzy zostali poszkodowani w wyniku negatywnych skutków dla środowiska związanych z działalnością, produktami lub usługami przedsiębiorstwa.
3. Zgodnie z naukowym i technicznym rozumieniem ryzyka, w przypadku zagrożenia poważnymi lub nieodwracalnymi szkodami dla środowiska, biorąc również pod uwagę zdrowie i bezpieczeństwo ludzi, przedsiębiorstwa nie powinny powoływać się na brak pełnej pewności naukowej lub ścieżek postępowania jako przyczyn opóźniania podejmowania opłacalnych działań zapobiegających takim szkodom lub je minimalizującym.
4. Posiadać awaryjne plany działania służące zapobieganiu poważnym szkodom dla środowiska i zdrowia wynikającym z działalności przedsiębiorstwa, łagodzeniu takich szkód i ich kontrolowaniu, w tym wypadków i sytuacji awaryjnych, oraz posiadać mechanizmy natychmiastowego zgłaszania takich sytuacji właściwym organom.
5. Nieustannie dążyć do poprawy efektywności w obszarze ochrony środowiska na poziomie przedsiębiorstwa oraz, w stosownych przypadkach, podmiotów, z którymi utrzymuje ono relacje biznesowe, w tym poprzez:

a) wdrażanie technologii, w miarę możliwości najlepszych dostępnych technologii, w celu poprawy efektywności środowiskowej;

b) opracowywanie i dostarczanie produktów lub usług, które nie powodują nieodpowiedniego oddziaływania na środowisko, są bezpieczne, jeśli użytkowane zgodnie z ich przeznaczeniem, są trwałe, nadają się do naprawy i mogą być ponownie wykorzystane, poddane recyklingowi lub bezpiecznie zutylizowane oraz są wytwarzane w sposób przyjazny dla środowiska, jak również wykorzystują zasoby naturalne w sposób zrównoważony, minimalizują w miarę możliwości zużycie energii i materiałów, a także generowanie zanieczyszczeń, emisji gazów cieplarnianych i odpadów, w szczególności odpadów niebezpiecznych;

c) promowanie wyższego poziomu świadomości klientów w zakresie środowiskowych konsekwencji korzystania z produktów i usług przedsiębiorstwa, w tym poprzez dostarczanie stosownych i dokładnych informacji na temat ich wpływu na środowisko (na przykład, dotyczących emisji gazów cieplarnianych, wpływu na różnorodność biologiczną, efektywności wykorzystania zasobów, możliwość ich naprawy i recyklingu lub innych kwestii środowiskowych).

6. Zapewniać pracownikom odpowiednie kształcenie i szkolenia w zakresie kwestii środowiskowych, bezpieczeństwa i higieny pracy, w tym w zakresie zarządzania niebezpiecznymi i innymi niż niebezpieczne materiałami i odpadami, a także zapobiegania wypadkom środowiskowym, jak również w bardziej ogólnych obszarach zarządzania środowiskiem, takich jak procedury oceny oddziaływania na środowisko, *public relations* i technologie środowiskowe. Przedsiębiorstwa powinny również zapewniać wsparcie, w tym w zakresie budowania potencjału zarządzaniem kwestiami środowiskowymi, dostawcom i innym podmiotom w ramach utrzymywanych relacji biznesowych, w szczególności małym i średnim przedsiębiorstwom oraz drobnym posiadaczom tam, gdzie jest to stosowne i wykonalne.
7. Przyczyniać się do opracowywania i wdrażania odpowiedzialnej środowiskowo i efektywnej ekonomicznie polityki publicznej, przykładowo poprzez udział w partnerstwach lub inicjatywach mających na celu zwiększanie świadomości i ochronę środowiska.

Komentarz do rozdziału VI: „Środowisko"

66. Osiągnięcie celów środowiskowych wymaga przyjęcia koncepcji społeczeństwa jako całości. *Wytyczne OECD* określają oczekiwania dotyczące sposobu, w jaki przedsiębiorstwa powinny unikać negatywnych skutków dla środowiska zapobiegać tym negatywnym skutkom oraz przyczyniać się do osiągnięcia celów w zakresie łagodzenia zmian klimatu i adaptacji do nich; ochrony, odbudowy i zrównoważonego wykorzystania różnorodności biologicznej; zrównoważonego, wydajnego i zgodnego z prawem użytkowania gruntów, zasobów i energii; zrównoważonej konsumpcji i produkcji, w tym poprzez promowanie podejścia opartego na gospodarce o obiegu zamkniętym; oraz zapobiegania zanieczyszczeniom, ich ograniczeniu i kontroli. Międzynarodowe zobowiązania, wielostronne umowy i inne ramy regulacyjne stanowią ważny punkt odniesienia dla zrozumienia kwestii i oczekiwań dotyczących ochrony środowiska. Niektóre umowy międzynarodowe określają wspólne cele rządowe i mogą nie zawierać szczegółowych zaleceń dotyczących obowiązków poszczególnych przedsiębiorstw w odniesieniu do tych celów. W takich przypadkach ważnymi punktami odniesienia są odpowiednie ramy regulacyjne, polityka krajowa i powszechnie uznane gwarancje i standardy zarządzania środowiskowego, jak również poparte badaniami dowody naukowe. Treść rozdziału VI „Środowisko" zasadniczo przedstawia zasady i cele zawarte w *Deklaracji z Rio w sprawie środowiska i rozwoju*, w *Agendzie 21* (w ramach *Deklaracji z Rio*) oraz w *Agendzie 2030 na rzecz zrównoważonego rozwoju*. Jest ona również zgodna z *Ramową Konwencją ONZ w sprawie zmian klimatu* (UNFCCC), *Porozumieniem paryskim*, *Konwencją o różnorodności biologicznej*, *Globalnymi ramami różnorodności biologicznej Kunming-Montreal*, odpowiednimi konwencjami regionalnymi dotyczącymi dostępu do informacji, udziału społeczeństwa i sprawiedliwości w sprawach dotyczących środowiska, *Konwencją ONZ w sprawie zwalczania pustynnienia* i odpowiednimi regionalnymi umowami środowiskowymi oraz odzwierciedla standardy wynikające z takich instrumentów, jak *Norma ISO dotycząca systemów zarządzania środowiskowego*, *Normy w zakresie ochrony środowiska* i *Normy społeczne Międzynarodowej Korporacji Finansowej* oraz *Strategiczne podejście do międzynarodowego zarządzania chemikaliami (SAICM).*

67. W kontekście *Wytycznych OECD* „zarządzanie środowiskowe" powinno być interpretowane w najszerszym dla tego terminu znaczeniu, tj. jako obejmujące działania mające na celu zrozumienie oddziaływania na środowisko i zagrożeń dla środowiska, unikanie oddziaływania na środowisko i przeciwdziałanie temu oddziaływaniu w związku z działalnością, produktami i usługami przedsiębiorstwa, z uwzględnieniem udziału przedsiębiorstwa w skumulowanym oddziaływaniu i ciągłego dążenia do poprawy wyników przedsiębiorstwa w zakresie ochrony środowiska. Zarządzanie środowiskowe obejmuje także wdrażanie procedur należytej staranności opartych na analizie ryzyka w odniesieniu do negatywnych skutków dla środowiska. Zgodnie z rozdziałem II „Zasady ogólne", charakter i zakres należytej staranności w zakresie ochrony środowiska zależeć będzie od sytuacji poszczególnych przedsiębiorstw. Do ograniczeń w przeprowadzaniu należytej staranności w odniesieniu do kwestii środowiskowych mogą należeć brak dostępności danych środowiskowych lub technologii. Proces należytej staranności obejmuje także ustalenie priorytetów w oparciu o ryzyko. Zależy także od zakresu, w jakim oddziaływanie na środowisko związane z działalnością, produktami lub usługami przedsiębiorstwa jest możliwe do przewidzenia w uzasadniony sposób. Zarządzanie środowiskowe stanowi istotny element zrównoważonego rozwoju i może uwzględniać integrację szerokiego zakresu priorytetów, w tym tych określonych w krajowych priorytetach i zadaniach do realizacji w kontekście zrównoważonego rozwoju. Zarządzanie środowiskowe w odniesieniu do działalności biznesowej jest zarówno obowiązkiem, jak i szansą. Przedsiębiorstwa wielonarodowe mają do odegrania rolę w obydwu tych aspektach. Kadra kierownicza przedsiębiorstw wielonarodowych powinna zatem zwracać szczególną uwagę na kwestie środowiskowe w swoich strategiach biznesowych. Poprawa wyników w zakresie środowiskowym wymaga zobowiązania się do systematycznego podejścia w tym zakresie i ciągłego doskonalenia systemu. System zarządzania środowiskowego zapewnia wewnętrzne ramy niezbędne do zintegrowania kwestii środowiskowych z działalnością biznesową. Posiadanie takiego systemu powinno pomóc w zapewnieniu akcjonariuszy, pracowników, społeczności i innych stosownych interesariuszy, że przedsiębiorstwo aktywnie działa na rzecz ochrony przed negatywnymi skutkami dla środowiska, jakie mogą powstawać w wyniku prowadzonej przez przedsiębiorstwo działalności.

68. We wstępie do niniejszego rozdziału podano niewyczerpujący wykaz negatywnych skutków dla środowiska, jakie mogą być powiązane z prowadzeniem działalności biznesowej. Wiele aktywności przedsiębiorstw może wiązać się z niekorzystnym oddziaływaniem na środowisko. Negatywne skutki dla środowiska obejmują istotne zmiany w środowisku lub faunie i florze, które mają szkodliwy wpływ na skład, odporność, produktywność lub nośność naturalnych i zarządzanych ekosystemów, lub na funkcjonowanie systemów społeczno-gospodarczych, lub w odniesieniu do ludzi. Niekorzystne oddziaływanie na środowisko należy oceniać w oparciu o najlepszą dostępną wiedzę naukową. Zgodnie z *Wytycznymi OECD*, jak wskazano w rozdziale II „Zasady ogólne", przedsiębiorstwo „powoduje" negatywny skutek dla środowiska, jeśli jego działalność sama w sobie powoduje powstanie takiego negatywnego skutku. Przedsiębiorstwo „przyczynia się" do negatywnego dla środowiska skutku, jeśli jego działalność w połączeniu z działalnością innych podmiotów powoduje ten negatywny skutek lub jeśli działalność przedsiębiorstwa powoduje lub ułatwia powstanie tego negatywnego skutku lub zachęca inny podmiot do spowodowania takiego negatywnego skutku. Negatywne skutki dla środowiska mogą być również bezpośrednio powiązany z działalnością, produktami lub usługami przedsiębiorstw

poprzez relację biznesową, nawet jeśli dane przedsiębiorstwa same nie przyczyniają się do wywołania tych negatywnych skutków.

69. Oddziaływanie na środowisko może być zbiorowe i wzajemnie powiązane lub odosobnione, a także może mieć charakter lokalny lub transgraniczny. Podczas gdy niektóre skutki dla środowiska są dobrze znane, zakres, charakter i przyczyny innych mogą być mniej znane, ulegać zmianom lub nawet pozostawać niezbadane. W związku z tym, w niektórych przypadkach możliwe będzie dokonanie oceny, w oparciu o dostępną wiedzę naukową oraz informacje o zakresie, w jakim przedsiębiorstwo przyczynia się do powstania negatywnego skutku dla środowiska, w innych przypadkach jednak ocena taka może okazać się wyzwaniem. W kontekście tej drugiej sytuacji dla celów *Wytycznych OECD* ocena przyczyniania się przedsiębiorstwa do wywoływania negatywnych skutków powinna uwzględniać zakres, w jakim jego działalność jest zgodna z powszechnie uznanymi normami, procedurami zarządzania środowiskowego zabezpieczeniami dotyczącymi dobrych praktyk w zakresie ochrony środowiska; wskaźnikami referencyjnymi i normami ustanowionymi w ramach obowiązujących zasad i przepisów dotyczących ochrony środowiska; oraz odpowiednimi umowami międzynarodowymi.

70. Negatywne skutki dla środowiska są często ściśle powiązane z innymi kwestiami objętymi *Wytycznymi OECD*, takimi jak zdrowie i bezpieczeństwo, oddziaływanie na pracowników i społeczności, dostęp do źródeł utrzymania lub prawa własności gruntów. Ponadto wdrażanie procesów należytej staranności w zakresie ochrony środowiska i zarządzanie negatywnymi dla środowiska skutkami często wiąże się z ustaleniem wielu priorytetów środowiskowych, społecznych i rozwojowych. W szczególności preambuła *Porozumienia paryskiego* uwzględnia imperatywy dotyczące sprawiedliwej transformacji, siły roboczej oraz zapewnienia godnych warunków pracy i wysokiej jakości miejsc pracy zgodnie z priorytetami rozwojowymi określonymi na szczeblu krajowym, a także wskazuje, że przy podejmowaniu działań mających na celu przeciwdziałanie zmianom klimatu strony *Porozumienia paryskiego* powinny szanować, promować i uwzględniać swoje obowiązki w tym zakresie. Z punktu widzenia przedsiębiorstw istotna jest ocena i reakcja na wpływ społeczny przedsiębiorstwa w kontekście zarządzania środowiskowego oraz procedury należytej staranności pozwalające na zapobieganie takim negatywnym skutkom, a także ich łagodzenie zarówno w zakresie odchodzenia od praktyk szkodliwych dla środowiska, jak i w kierunku bardziej ekologicznych gałęzi przemysłu lub praktyk, takich jak wykorzystanie energii odnawialnej. Istotne znaczenie mają w tym zakresie również poszanowanie praw pracowniczych, w tym angażowanie się w dialog społeczny i rokowania zbiorowe, o których mowa w rozdziale V „Zatrudnienie i relacje z pracownikami", znaczące angażowanie we współpracę z odpowiednimi interesariuszami oraz, w stosownych przypadkach, praktykowanie odpowiedzialnego wycofywania się z takiej współpracy, jak opisano to w rozdziale II „Zasady ogólne".

71. Oprócz poprawy efektywności środowiskowej, wprowadzenie systemu zarządzania środowiskowego może zapewnić przedsiębiorstwom korzyści ekonomiczne w postaci obniżonych kosztów operacyjnych i ubezpieczenia, oszczędnego wykorzystania energii i zasobów, zmniejszenia kosztów finansowych w zakresie zgodności z przepisami i odpowiedzialności, zwiększonej trwałości i odporności, lepszego dostępu do kapitału i umiejętności, zwiększenie zadowolenia klientów oraz poprawę relacji społecznych i publicznych.

72. Informowanie o oddziaływaniu na środowisko w związku z działalnością, produktami i usługami przedsiębiorstwa, a także o mającym znaczenie angażowaniu interesariuszy stanowi element procesu należytej staranności i może być także wymagane przepisami prawa. Pomocne w tym zakresie mogą być standardy sprawozdawczości takie jak Globalna Inicjatywa Sprawozdawcza (*Global Reporting Initiative*) oraz inne standardy sprawozdawczości środowiskowej. Zob. także rozdział III „Ujawnianie informacji". Mająca znaczenie współpraca z interesariuszami oraz komunikacja z interesariuszami takimi jak pracownicy, klienci, inwestorzy, dostawcy, wykonawcy, społeczności lokalne, osoby lub grupy znajdujące się w trudnej sytuacji lub marginalizowane, osoby o szczególnych uprawnieniach lub z uzasadnionymi prawami własności oraz ludność rdzenna, a także z ogółem społeczeństwa, są szczególnie ważne w sytuacjach, gdy negatywne skutki środowiskowe dotyczą lub mogą dotyczyć interesariuszy oraz tam, gdzie ryzyko negatywnego skutku dotyczy rzadkich lub zagrożonych zasobów środowiskowych, zarówno w kontekście regionalnym, krajowym, jak i międzynarodowym.

73. Przedsiębiorstwa zachęca się do przyjmowania wzorców zrównoważonej konsumpcji i produkcji, w tym poprzez efektywne gospodarowanie zasobami, gospodarkę o obiegu zamkniętym i inne modele. Stosując takie praktyki przedsiębiorstwa mogą znacznie ograniczyć swoje niekorzystne oddziaływanie na środowisko. Umiejętne gospodarowanie zasobami promuje bardziej wydajne i efektywne wykorzystanie zasobów i materiałów, w tym poprzez bezpieczne dla środowiska dostawy surowców. Co więcej, w stosownych przypadkach istotne jest podejście oparte na gospodarce o obiegu zamkniętym jako jeden z dostępnych sposobów realizacji zrównoważonego rozwoju. Zgodnie z krajowymi priorytetami i okolicznościami gospodarka o obiegu zamkniętym to model, w którym produkty i materiały są projektowane w taki sposób, aby można je było ponownie wykorzystać, naprawić, ponownie przetworzyć, poddać recyklingowi lub odzyskać, a tym samym utrzymać w gospodarce tak długo, jak to możliwe, wraz z zasobami z których są wykonane, i w którym unika się lub minimalizuje wytwarzanie odpadów, zwłaszcza niebezpiecznych, oraz zapobiega się i ogranicza emisję gazów cieplarnianych.

74. Podstawowym założeniem *Wytycznych OECD* jest to, że przedsiębiorstwa powinny działać jak najszybciej i w sposób proaktywny w celu uniknięcia negatywnych skutków dla środowiska.

75. *Wytyczne OECD* nie mają na celu reinterpretacji żadnych istniejących regulacji ani tworzenia nowych zobowiązań lub precedensów po stronie organów rządowych. Intencją *Wytycznych OECD* jest jedynie rekomendowanie, w jaki sposób podejście ostrożnościowe powinno być wdrażane na poziomie przedsiębiorstw. Uznaje się, że konieczna jest pewna elastyczność w stosowaniu tego podejścia, w zależności od konkretnego kontekstu, w jakim jest ono stosowane. Uznaje się również, że rządy określają podstawowe ramy w tej dziedzinie w świetle swoich możliwości i mają obowiązek okresowych konsultacji z interesariuszami w sprawie najbardziej odpowiednich sposobów działania, zapewniając przejrzystość i podejście oparte na podstawach naukowych.

76. Przedsiębiorstwa odgrywają ważną rolę w dążeniu do osiągnięcia zerowej emisji gazów cieplarnianych i gospodarki odpornej na zmiany klimatu, co jest niezbędne do osiągnięcia uzgodnionych na szczeblu międzynarodowym celów w zakresie łagodzenia i przystosowania się do zmiany klimatu. W procesie przechodzenia na zerową emisję gazów cieplarnianych wiele działań biznesowych skutkuje emitowaniem pewnego poziomu

gazów cieplarnianych lub redukcją biotopów obniżających zawartość dwutlenku węgla. Przedsiębiorstwa powinny zapewniać, że ich emisje gazów cieplarnianych i wpływ na ilość biotopów obniżających zawartość dwutlenku węgla będą zgodne z globalnymi celami w zakresie temperatury ustalonymi na szczeblu międzynarodowym w oparciu o najlepszą dostępną wiedzę naukową, w tym zgodnie z oceną przez Międzyrządowy Zespół ds. Zmian Klimatu (*Intergovernmental Panel on Climate Change*, IPCC).

77. Obejmuje to wprowadzanie i wdrożenie opartych na wiedzy naukowej polityk, strategii i planów transformacji w zakresie łagodzenia zmian klimatu i przystosowania się do nich, a także przyjmowanie, wdrażanie, monitorowanie i sprawozdawczość w zakresie krótko-, średnio- i długoterminowych celów łagodzenia zmian klimatu. Cele te powinny być oparte na wiedzy naukowej, w tym obejmować bezwzględne, a także w stosownych przypadkach oparte o natężenie cele redukcji emisji gazów cieplarnianych oraz uwzględniać emisje gazów cieplarnianych z zakresu 1 i 2, a także w miarę możliwości w oparciu o najlepsze dostępne informacje, z zakresu 3. Istotne znaczenie będzie miało regularne raportowanie, weryfikacja i aktualizacja celów pod kątem ich adekwatności i przydatności, w oparciu o najnowsze dostępne dowody naukowe oraz w miarę opracowywania i aktualizowania różnych krajowych lub branżowych ścieżek transformacji. Przedsiębiorstwa powinny traktować eliminację lub redukcję źródeł emisji w sposób priorytetowy w stosunku do działań kompensujących, wyrównawczych lub neutralizacyjnych. Kredyty węglowe lub kompensacje mogą być traktowane jako ostateczny środek do rozwiązania problemu niezmniejszonych emisji. Kredyty węglowe lub kompensacje powinny charakteryzować się wysoką integralnością środowiskową i nie powinny odwracać uwagi od konieczności zmniejszania emisji, ani utrwalać procesów i infrastruktur charakteryzujących się wysoką emisją gazów cieplarnianych. Przedsiębiorstwa powinny publicznie informować o swojej zależności od kredytów węglowych lub kompensacji oraz o kluczowych cechach takich kredytów lub kompensacji. Taka sprawozdawczość powinna być odrębna od i uzupełniająca w stosunku do sprawozdawczości dotyczącej redukcji emisji.

78. Istotne znaczenie dla wyznaczonych zadań i przeciwdziałania skutkom ma zastosowanie siły oddziaływania przedsiębiorstwa i udostępnianie technologii na wzajemnie akceptowalnych warunkach, udzielanie pomocy technicznej i finansowania dla dostawców i innych podmiotów biznesowych w celu łagodzenia zmiany klimatu i realizacji działań adaptacyjnych.

79. Zapewnienie odporności klimatycznej i adaptacji jest kluczowym elementem długoterminowej globalnej reakcji na zmiany klimatu w celu ochrony ludzi i ekosystemów i wymaga zaangażowania oraz wsparcia wszystkich członków społeczeństwa. Przedsiębiorstwa powinny unikać działań mających niekorzystny wpływ na adaptację do zmian klimatu i odporność społeczności, pracowników i ekosystemów.

80. Ochrona różnorodności biologicznej oraz zrównoważone zarządzanie zasobami naturalnymi i ekosystemami, w tym na przykład lasami, oceanami, torfowiskami i terenami podmokłymi oraz korzystanie z nich, jest niezwykle ważne dla ludzkiego zdrowia i źródeł utrzymania, przetrwania gatunków, a także łagodzenia zmian klimatu i adaptacji do nich. Przedsiębiorstwa powinny przyczyniać się do ochrony różnorodności biologicznej, zrównoważonego korzystania z jej komponentów oraz uczciwego i sprawiedliwego podziału korzyści wynikających z wykorzystania zasobów genetycznych. Przedsiębiorstwa powinny także unikać degradacji gruntów, wód morskich i słodkich, w tym wylesiania

i przeciwdziałać tym zjawiskom zgodnie z *Celami zrównoważonego rozwoju ONZ*, w szczególności z celem 15.2, *Strategicznym planem ONZ dotyczącym lasów na lata 2017–2030* oraz *Deklaracją przywódców z Glasgow z 2021 r. w sprawie lasów i użytkowania gruntów*, które mają na celu powstrzymanie i odwrócenie utraty lasów i degradacji gruntów do 2030 r. Podejmowane w tym zakresie wysiłki powinny uwzględniać wzmocnione procesy należytej staranności w odniesieniu do potencjalnych negatywnych skutków dla różnorodności biologicznej w parkach narodowych, rezerwatach i innych obszarach chronionych, w tym na obszarach wpisanych na Listę Światowego Dziedzictwa UNESCO, obszarach chronionych w ramach *Konwencji o różnorodności biologicznej* oraz określonych przepisami prawa krajowego, a także w odniesieniu do gatunków chronionych. W stosownych przypadkach oraz zgodnie z własnymi możliwościami i przepisami krajów, w których prowadzą działalność, przedsiębiorstwa powinny również przyczyniać się do zrównoważonej gospodarki gruntami i lasami, w tym rekultywacji, zalesiania, ponownego zalesiania, w tym ograniczania degradacji gruntów, wód morskich i słodkich. Wysiłki podejmowane przez przedsiębiorstwa w celu zapobiegania negatywnym skutkom dla różnorodności biologicznej lub łagodzenia takich skutków powinny opierać się na hierarchii łagodzenia skutków dla różnorodności biologicznej, która zaleca w pierwszej kolejności dążenie do unikania szkód dla różnorodności biologicznej, a gdy takie uniknięcie nie jest możliwe, ograniczanie lub minimalizowanie tych szkód, oraz stosowanie kompensacji i rekultywacji jako ostateczności w przypadku negatywnych skutków, których nie można uniknąć.

81. Negatywne skutki dla środowiska, szczególnie w kontekście różnorodności biologicznej oraz degradacji gruntów, wód morskich i słodkich, mogą być związane z odpowiedzialnym zarządzaniem własnością gruntów, lasów i łowisk. Jak wskazano w *Dobrowolnych wytycznych dotyczących odpowiedzialnego zarządzania własnością gruntów, łowisk i lasów w kontekście krajowego bezpieczeństwa żywnościowego* (VGGT), odpowiedzialne zarządzanie własnością gruntów, lasów i łowisk może odgrywać rolę we wspieraniu zrównoważonego korzystania ze środowiska. W tym kontekście VGGT wzywają do inwestycji, które nie wyrządzają szkód i chronią prawowitych właścicieli przed wywłaszczeniem oraz przed szkodami środowiskowymi.

82. W *Wytycznych OECD* zachęca się przedsiębiorstwa także do pracy nad podnoszeniem poziomu efektywności środowiskowej we wszystkich obszarach ich działalności, nawet jeśli nie jest to formalnie wymagane przez praktykę stosowaną w krajach, w których przedsiębiorstwo prowadzi działalność. W tym względzie przedsiębiorstwa powinny należycie uwzględniać swój wpływ społeczny i gospodarczy na kraje rozwijające się.

83. Przykładowo, przedsiębiorstwa wielonarodowe często mają dostęp do istniejących i innowacyjnych technologii lub procedur operacyjnych, których zastosowanie mogłoby przyczynić się do poprawy ogólnej efektywności środowiskowej. Przedsiębiorstwa wielonarodowe są często uważane za liderów w swoich dziedzinach, więc nie należy pomijać ich „efektu oddziaływania przykładem” w stosunku do innych przedsiębiorstw. Zapewnienie, że otoczenie krajów, w których przedsiębiorstwa wielonarodowe prowadzą swoją działalność, również skorzysta z dostępnych i innowacyjnych technologii i praktyk, jest ważnym sposobem budowania wsparcia dla międzynarodowych działań inwestycyjnych w bardziej ogólnym ujęciu.

84. Przedsiębiorstwa mają do odegrania ważną rolę w szkoleniu i edukacji swoich pracowników i innych interesariuszy w odniesieniu do kwestii zarządzania środowiskiem.

Przedsiębiorstwa zachęca się do wywiązywania się z tego obowiązku w możliwie najlepszy sposób, zwłaszcza w obszarach bezpośrednio związanych ze zdrowiem i bezpieczeństwem ludzi. Przedsiębiorstwa powinny także komunikować swoje polityki, wymogi i standardy środowiskowe w jasny i przystępny sposób swoim partnerom biznesowym.

85. Przedsiębiorstwa powinny przestrzegać norm w zakresie dobrostanu zwierząt, które są zgodne z *Kodeksem zdrowia zwierząt lądowych* Światowej Organizacji Zdrowia Zwierząt (WOAH). Zwierzę doświadcza dobrostanu, jeśli jest zdrowe, dobrze odżywione, żyje w komfortowych i bezpiecznych warunkach, nie cierpi z powodu nieprzyjemnych stanów, takich jak ból, strach czy niepokój oraz może zachowywać się w sposób mający znaczenie dla jego stanu fizycznego i psychicznego. Zapewnienie dobrostanu zwierząt wymaga zapobiegania chorobom i odpowiedniej opieki weterynaryjnej, zapewnienia schronienia, zarządzania i żywienia, stymulującego i bezpiecznego środowiska, humanitarnego traktowania i uboju lub uśmiercania. Ponadto przedsiębiorstwa powinny przestrzegać wytycznych dotyczących transportu żywych zwierząt, opracowanych przez odpowiednie organizacje międzynarodowe.

VII. Zwalczanie przekupstwa i innych form korupcji

Niekorzystne skutki dla kwestii objętych *Wytycznymi OECD* są często możliwe wskutek korupcji. W związku z tym wdrożenie przez przedsiębiorstwo skutecznych środków antykorupcyjnych stanowi istotny wkład w unikanie innych negatywnych skutków objętych *Wytycznymi OECD*. Przedsiębiorstwa nie powinny angażować się w żadne akty przekupstwa ani inne formy korupcji.

W szczególności przedsiębiorstwa powinny:

1. Nie angażować się w żadne działania korupcyjne, w tym oferowanie, obiecywanie lub wręczanie jakichkolwiek nienależnych korzyści majątkowych lub innych korzyści funkcjonariuszom publicznym lub pracownikom osób lub podmiotów, z którymi przedsiębiorstwo utrzymuje relacje biznesowe, bądź ich krewnym lub współpracownikom. Podobnie przedsiębiorstwa nie powinny żądać, tolerować ani akceptować żadnych nienależnych korzyści pieniężnych lub innego rodzaju korzyści od funkcjonariuszy publicznych lub pracowników osób lub podmiotów, z którymi przedsiębiorstwo utrzymuje relacje biznesowe. Przedsiębiorstwa nie powinny wykorzystywać osób trzecich ani innych pośredników, w tym między innymi agentów, konsultantów, przedstawicieli, dystrybutorów, konsorcjów, wykonawców i dostawców oraz partnerów joint venture, do przekazywania nienależnych korzyści pieniężnych lub innych korzyści funkcjonariuszom publicznym lub pracownikom osób lub podmiotów, z którymi przedsiębiorstwo utrzymuje relacje biznesowe, bądź ich krewnym lub współpracownikom.
2. Opracowywać i przyjmować odpowiednie programy lub plany działania w zakresie środków kontroli wewnętrznej, etyki i zgodności w celu odpowiedniego zapobiegania, wykrywania i przeciwdziałania przekupstwu i innym formom korupcji, opracowane na podstawie oceny opartej na analizie ryzyka z uwzględnieniem indywidualnej sytuacji przedsiębiorstwa, w szczególności czynników ryzyka przedsiębiorstwa związanych z przekupstwem i innymi formami korupcji (w tym między innymi geograficznego i przemysłowego sektora działalności, innych kwestii związanych z odpowiedzialnym prowadzeniem działalności biznesowej, otoczenia regulacyjnego, rodzaju relacji biznesowych, transakcji z zagranicznymi rządami i korzystania ze stron trzecich). Opracowane przez przedsiębiorstwa programy kontroli wewnętrznej, programy *compliance* i kodeksy etyczne oraz wdrożone w tych obszarach działania powinny obejmować system procedur finansowych i księgowych, w tym system kontroli wewnętrznej odpowiednio zaprojektowany w celu zapewnienia uczciwego i starannego prowadzenia ksiąg, rejestrów dotyczących konfliktów interesów, innych rejestrów i rachunków, w sposób zapewniający, że nie będą one mogły zostać wykorzystane w celu przekupstwa lub innych działań korupcyjnych czy też ukrywania przekupstwa lub innych działań korupcyjnych. Takie indywidualne okoliczności i ryzyko powinny być regularnie monitorowane i poddawane ponownej ocenie, o ile jest to konieczne, w celu określenia alokacji zasobów związanych z zapewnieniem zgodności z przepisami (*compliance*) oraz zapewnienia, że programy lub środki kontroli wewnętrznej przedsiębiorstwa, działania w zakresie etyki i zgodności ulegają zmianom i pozostają obowiązujące, a także w celu

złagodzenia ryzyka zaangażowania przedsiębiorstw w przekupstwo lub inne formy korupcji. Te programy kontroli wewnętrznej, działania w zakresie etyki i zgodności mające na celu zapobieganie wszelkim formom korupcji i ich wykrywanie powinny uwzględniać także przeprowadzanie procesu opartej na ryzyku należytej staranności, jak opisano to w rozdziale II „Zasady ogólne".

3. Zakazywać lub zniechęcać, w ramach programów kontroli wewnętrznej lub działań w zakresie etyki i zgodności, do przyjmowania drobnych gratyfikacji, które są na ogół nielegalne w krajach, w których sytuacje takie mają miejsce, zaś w przypadku, gdy taka gratyfikacja zostanie wypłacona, rzetelnie to ewidencjonować w księgach i dokumentacji finansowej.

4. Zapewniać, z uwzględnieniem szczególnego ryzyka związanego z przekupstwem i innymi formami korupcji, odpowiednio udokumentowany proces należytej staranności w zakresie zatrudniania, a także odpowiedni i regularny nadzór nad agentami oraz to, by wynagrodzenie agentów było odpowiednie i wypłacane wyłącznie za usługi świadczone zgodnie z prawem. W stosownych przypadkach niezbędne jest sporządzenie i udostępnienie właściwym organom zaktualizowanej listy agentów zaangażowanych w transakcje z organami publicznymi i przedsiębiorstwami państwowymi, zgodnie z obowiązującymi wymogami dotyczącymi publicznego ujawniania informacji. Przedsiębiorstwa powinny podejmować również działania w celu zapewnienia, aby ich agenci unikali wywierania nielegalnego wpływu i przestrzegali standardów zawodowych w swoich relacjach z funkcjonariuszami publicznymi.

5. Zwiększać przejrzystość prowadzonej działalności w obszarze walki z przekupstwem i innymi formami korupcji oraz promowania kultury uczciwości. Środki mogą obejmować: a) zdecydowane, wyraźne i widoczne wsparcie i zaangażowanie ze strony zarządu lub równoważnego organu zarządzającego i kierownictwa wyższego szczebla w programy kontroli wewnętrznej oraz działania w zakresie etyki i zgodności; b) jasno sformułowaną i przejrzystą politykę korporacyjną zakazującą przekupstwa i innych form korupcji, łatwo dostępną dla wszystkich pracowników i stron trzecich, których to dotyczy, w tym między innymi zagranicznych spółek zależnych, agentów i innych pośredników; oraz c) informowanie o systemach zarządzania oraz programach kontroli wewnętrznej lub działaniach w zakresie etyki i zgodności przyjętych przez przedsiębiorstwo w celu wywiązania się z tych zobowiązań. Przedsiębiorstwa powinny również wspierać otwartość i dialog ze społeczeństwem w celu promowania świadomości i współpracy w walce z przekupstwem i innymi formami korupcji. Przedsiębiorstwa zachęca się do ujawniania, w sposób nienaruszający krajowych przepisów i wymogów, wszelkich wykroczeń związanych z przekupstwem i innymi formami korupcji, a także działań podjętych w celu rozwiązania przypadków podejrzenia przekupstwa i innych form korupcji. Działania te mogą obejmować między innymi identyfikację, badanie i zgłaszanie niewłaściwego postępowania oraz uczciwą i proaktywną współpracę z organami ścigania.

6. Propagować informacje na temat polityk oraz programów kontroli wewnętrznej lub działań w zakresie etyki i zgodności mających na celu przeciwdziałanie przekupstwu i innym formom korupcji, a także obowiązek przestrzegania zasad wynikających z takich polityk i programów lub środków, wśród pracowników i osób lub podmiotów powiązanych relacjami biznesowymi, poprzez odpowiednie rozpowszechnianie takich polityk, programów lub działań oraz poprzez programy szkoleniowe i procedury dyscyplinarne z uwzględnieniem istniejących barier językowych, kulturowych i technologicznych.

7. Nie dokonywać nielegalnych wpłat na rzecz kandydatów na stanowiska urzędnicze ani członków partii politycznych lub innych organizacji powiązanych z partiami politycznymi lub

kandydatami na stanowiska polityczne. Wpłaty na cele polityczne powinny być realizowane w sposób w pełni zgodny z przepisami krajowymi, w tym z wymogami dotyczącymi publicznego ujawniania informacji, i powinny wymagać zatwierdzenia przez kierownictwo wyższego szczebla. Powyższe obejmuje również zakaz zobowiązywania pracowników do wspierania kandydata politycznego lub organizacji politycznej.

Komentarz do rozdziału VII: „Zwalczanie przekupstwa i innych form korupcji"

86. Terminy „przekupstwo" i „inne formy korupcji" powinny być interpretowane zgodnie z poniższymi postanowieniami. Korupcja obejmuje przekupstwo funkcjonariuszy publicznych lub pracowników osób lub podmiotów powiązanych relacjami biznesowymi. Pojęcie to może także obejmować handel wpływami, defraudację i niewłaściwe wykorzystanie sponsoringu i darowizn na cele charytatywne. Przedsiębiorstwa nie powinny, na przykład, bezpośrednio ani pośrednio oferować, obiecywać, wręczać lub żądać łapówki czy jakiejkolwiek innej nienależnej korzyści w celu uzyskania lub utrzymania biznesu lub innej niewłaściwej korzyści. Przedsiębiorstwa powinny także opierać się zachętom do wręczenia łapówki i wymuszeniom w tym zakresie. Konflikt interesów nie jest *ipso facto* korupcją, coraz częściej uznaje się jednak, że konflikty między prywatnymi interesami a obowiązkami publicznymi funkcjonariuszy publicznych, jeśli nie są odpowiednio rozwiązywane, mogą potencjalnie prowadzić do korupcji. *Konwencja OECD o zwalczaniu przekupstwa zagranicznych funkcjonariuszy publicznych w międzynarodowych transakcjach handlowych* [OECD/LEGAL/0293] (*Konwencja OECD o zwalczaniu przekupstwa)*, która weszła w życie dnia 15 lutego 1999 r., *Konwencja OECD o zwalczaniu przekupstwa* wraz z *Zaleceniem Rady w sprawie dalszego zwalczania przekupstwa zagranicznych funkcjonariuszy publicznych w międzynarodowych transakcjach handlowych* [OECD/LEGAL/0378] (*Zalecenie w sprawie zwalczania przekupstwa*), *Zalecenie w sprawie środków podatkowych do celów dalszego zwalczania przekupstwa zagranicznych funkcjonariuszy publicznych w międzynarodowych transakcjach handlowych* [OECD/LEGAL/0371], *Zalecenie w sprawie przekupstwa i oficjalnie wspieranych kredytów eksportowych* [OECD/LEGAL/0447] oraz *Zalecenie dla podmiotów współpracy rozwojowej w sprawie zarządzania ryzykiem korupcji* [OECD/LEGAL/0431] stanowią podstawowe instrumenty OECD odnoszące się do strony oferującej w zagranicznych transakcjach wręczenie łapówki. Łącznie instrumenty te mają na celu wyeliminowanie „dawania" łapówek zagranicznym funkcjonariuszom publicznym, przy czym każdy kraj bierze odpowiedzialność za działalność swoich przedsiębiorstw i to, co dzieje się w ramach jego własnej jurysdykcji[4]. Ustanowiono program rygorystycznego i systematycznego

[4] W *Konwencji OECD o zwalczaniu przekupstwa* przestępstwo przekupstwa zagranicznego zostało zdefiniowane jako „(...) oferowanie, obiecywanie lub wręczanie jakiejkolwiek nienależnej korzyści majątkowej lub innej korzyści, bezpośrednio lub przez pośredników, zagranicznemu funkcjonariuszowi publicznemu, dla tego funkcjonariusza lub dla strony trzeciej, w celu skłonienia funkcjonariusza do działania lub powstrzymania się od działania w związku z wykonywaniem obowiązków służbowych, w celu uzyskania lub utrzymania działalności biznesowej lub innej niewłaściwej korzyści w prowadzeniu międzynarodowej działalności biznesowej". W Komentarzach do *Konwencji OECD o zwalczaniu przekupstwa* (punkt 9) wyjaśniono, że „drobne gratyfikacje nie stanowią płatności dokonywanych „w celu uzyskania lub utrzymania korzyści działalności biznesowej lub innej niewłaściwej korzyści" w rozumieniu punktu 1, a zatem nie stanowią też przestępstwa. Takie płatności, które w niektórych krajach są dokonywane w celu nakłonienia funkcjonariuszy publicznych do wykonywania swoich funkcji, takich jak wydawanie licencji lub zezwoleń, są zasadniczo niezgodne z prawem kraju obcego, którego to dotyczy. Inne kraje mogą i powinny przeciwdziałać temu korupcjogennemu zjawisku za pomocą takich środków, jak wspieranie programów dobrego zarządzania. W *Zaleceniu w sprawie zwalczania przekupstwa* (punkt XIV.i) zaleca się, aby rządy „zobowiązały się do okresowego przeglądu

monitorowania wdrażania przez kraje *Konwencji OECD o zwalczaniu przekupstwa* oraz powiązanych z nią instrumentów w celu promowania ich pełnego wdrożenia. Inne działania korupcyjne i ryzyka związane z zachowaniem integralności są również przedmiotem *Zalecenia w sprawie integralności publicznej* [OECD/LEGAL/0435], *Zalecenia dotyczącego zasad przejrzystości i uczciwości w działalności lobbingowej* [OECD/LEGAL/0379], *Zalecenia w sprawie Wytycznych OECD dotyczących zarządzania konfliktami interesów w służbie publicznej* [OECD/LEGAL/0316] oraz *Zalecenia w sprawie Wytycznych dotyczących przeciwdziałania korupcji oraz integralności w przedsiębiorstwach państwowych* [OECD/LEGAL/0451].

87. Korupcja szkodzi instytucjom demokratycznym i zarządzaniu spółkami. Zniechęca do inwestycji i zakłóca międzynarodowe warunki konkurencji. Poza wpływem na gospodarkę korupcja może mieć szkodliwe skutki, w tym między innymi podważać globalną stabilność, powodować brak egzekwowania norm środowiskowych i praw pracowniczych lub dostarczanie towarów niespełniających norm. W szczególności przekierowywanie funduszy w ramach prowadzonych praktyk korupcyjnych podważa usiłowania osiągnięcia przez obywateli dobrobytu gospodarczego, społecznego i środowiskowego na wyższym poziomie. Korupcja w nieproporcjonalny sposób dotyka osoby należące do zmarginalizowanych lub wrażliwych grup lub populacji i może pogłębiać nierówności płci. Przedsiębiorstwa mają do odegrania ważną rolę w zwalczaniu tych praktyk, zwracając uwagę na nakładające się formy dyskryminacji strukturalnej związanej między innymi z pochodzeniem etnicznym, rasą, płcią i orientacją seksualną, przy tworzeniu programów kontroli oraz w zakresie etyki i zgodności.

88. Przyzwoitość, uczciwość i przejrzystość zarówno w sferze publicznej, jak i prywatnej są kluczowymi koncepcjami w walce z przekupstwem i innymi formami korupcji. Społeczność biznesowa, organizacje pozarządowe, rządy i organizacje międzyrządowe powinny współpracować w celu wzmocnienia wsparcia publicznego dla środków wdrażanych do celów zwalczania korupcji oraz w celu zwiększenia przejrzystości i świadomości społecznej w zakresie problemów związanych z korupcją i przekupstwem. Przyjęcie odpowiednich praktyk ładu korporacyjnego jest również istotnym elementem propagowania kultury etyki pośród przedsiębiorstw.

89. *W Zaleceniu w sprawie zwalczania przekupstwa* podkreślono w szczególności, aby rządy zachęcały swoje przedsiębiorstwa do opracowywania i przyjmowania odpowiednich programów kontroli wewnętrznej lub podejmowania stosownych działań w zakresie etyki i zgodności w celu zapobiegania i wykrywania przekupstwa zagranicznego, z uwzględnieniem postanowień *Wytycznych dotyczących dobrych praktyk w zakresie kontroli wewnętrznej, etyki i zgodności* ujętych w Załączniku II do *Zalecenia w sprawie zwalczania przekupstwa*. Te *Wytyczne dotyczące dobrych praktyk* są przeznaczone dla przedsiębiorstw, w tym przedsiębiorstw państwowych, a także organizacji biznesowych i stowarzyszeń zawodowych oraz określają dobre praktyki w zakresie zapewniania skuteczności programów kontroli wewnętrznej oraz w zakresie etyki i zgodności lub działań mających na celu zapobieganie i wykrywanie przekupstwa zagranicznego, w tym ochrony osób zgłaszających. *Wytyczne* te mają elastyczny charakter i mogą podlegać dostosowywaniu przez przedsiębiorstwa, w szczególności przez małe i średnie przedsiębiorstwa, do indywidualnych warunków, w tym ich rozmiaru, rodzaju, struktury

swoich polityk i podejścia do drobnych gratyfikacji w celu skutecznego zwalczania tego zjawiska".

prawnej oraz geograficznego i przemysłowego sektora działalności, a także jurysdykcji i innych podstawowych zasad prawnych, zgodnie z którymi działają. Ponadto, do celów niniejszych *Wytycznych*, programy kontroli wewnętrznej lub działania w zakresie etyki i zgodności związane ze zwalczaniem korupcji powinny także obejmować przeprowadzanie procesu opartej na ryzyku należytej staranności zgodnie z zaleceniami sformułowanymi w rozdziale II „Zasady ogólne".

90. Działania zbiorowe oraz współpraca lokalnych i międzynarodowych organizacji społeczeństwa obywatelskiego, biznesu, stowarzyszeń zawodowych i organizacji międzynarodowych mogą także stanowić pomoc dla przedsiębiorstw w obszarze lepszego opracowywania i wdrażania przez przedsiębiorstwa skutecznych polityk zwalczania korupcji i łagodzenia ryzyka korupcji, jeśli przedsiębiorstwo nie jest w stanie złagodzić takiego ryzyka samodzielnie.

91. *Konwencja Narodów Zjednoczonych przeciwko korupcji (UNCAC)*, która weszła w życie 14 grudnia 2005 r., określa szeroki zakres standardów, środków i zasad walki z korupcją. Zgodnie z UNCAC, Państwa-Strony tej konwencji są zobowiązane do zakazania swoim funkcjonariuszom przyjmowania łapówek i swoim przedsiębiorstwom wręczania łapówek krajowym funkcjonariuszom publicznym, jak również zagranicznym funkcjonariuszom publicznym i urzędnikom publicznych organizacji międzynarodowych, a także do ewentualnego wprowadzenia zakazu przekupstwa w relacjach między osobami lub podmiotami prywatnymi. UNCAC i *Konwencja OECD o zwalczaniu przekupstwa* wzajemnie się uzupełniają.

92. Aby zaradzić popytowej stronie przekupstwa, ważnymi elementami zapobiegającymi namawianiu przedsiębiorstw do płacenia łapówek będą praktyki dobrego zarządzania. Zarówno rządy państw, w których prowadzona jest działalność przedsiębiorstw, jak i państw przyjmujących powinny pomagać przedsiębiorstwom, które mają do czynienia z praktykami łapownictwa lub innymi formami korupcji, podnosić świadomość i zapewniać szkolenia odpowiednim funkcjonariuszom publicznym, rozważać wspieranie inicjatyw zbiorowego działania wraz z przedstawicielami sektora prywatnego i publicznego, a także organizacjami społeczeństwa obywatelskiego oraz, w stosownych przypadkach, podejmować skoordynowane działania w celu rozwiązywania problemów dotyczących przyjmowania łapówek. *Wytyczne dotyczące dobrych praktyk w zakresie szczególnych artykułów Konwencji* zawarte w Załączniku II do *Zalecenia w sprawie zwalczania przekupstwa* stanowią, że *Konwencja OECD o zwalczaniu przekupstwa* powinna być wdrażana w taki sposób, aby nie zapewniała środków ochrony ani wyjątku w przypadku, gdy zagraniczny funkcjonariusz publiczny zażąda łapówki. Ponadto UNCAC wymaga penalizacji występowania o łapówkę przez krajowych funkcjonariuszy publicznych.

VIII. Interesy konsumenta

W kontaktach z konsumentami przedsiębiorstwa powinny działać zgodnie z uczciwymi praktykami biznesowymi, marketingowymi i reklamowymi oraz powinny podejmować wszelkie zasadne działania w celu zapewnienia jakości i niezawodności oferowanych przez siebie towarów i usług. W szczególności przedsiębiorstwa powinny:

1. Zapewnić, aby oferowane towary i usługi spełniały wszystkie uzgodnione lub wymagane zgodnie z przepisami prawa standardy bezpieczeństwa i zdrowia konsumentów, w tym normy dotyczące ostrzeżeń o zagrożeniach zdrowia i informacji o bezpieczeństwie, jak również, aby nie stwarzały nieuzasadnionego zagrożenia dla zdrowia lub bezpieczeństwa konsumentów podczas przewidywalnego ich użytkowania lub przewidywalnego niewłaściwego lub niezgodnego z przeznaczeniem czy prawem ich użytkowania.
2. Dostarczać dokładnych, możliwych do weryfikacji i jasnych informacji, które pozwolą konsumentom na podejmowanie świadomych decyzji, w tym informacji o cenach, a w stosownych przypadkach o zawartości, bezpiecznym użytkowaniu, właściwościach środowiskowych, konserwacji, przechowywaniu, usuwaniu towarów i usług oraz odpowiednich informacji na temat handlu elektronicznego, takich jak informacje dotyczące kwestii prywatności oraz informacje o dostępnych opcjach rozstrzygania sporów i dochodzenia roszczeń. Informacje powinny być przedstawiane w sposób zrozumiały i łatwo dostępny, przy użyciu prostego języka, przy jednoczesnym uwzględnieniu potrzeb dostępności w przypadku konsumentów z niepełnosprawnościami. O ile możliwe, informacje powinny być przekazywane konsumentom w sposób ułatwiający im porównywanie produktów.
3. Zapewniać konsumentom dostęp do sprawiedliwych, łatwych w użyciu, terminowych i skutecznych pozasądowych mechanizmów rozstrzygania sporów i dochodzenia roszczeń, bez ponoszenia niepotrzebnych kosztów i obciążeń.
4. Nie składać oświadczeń i nie dopuszczać się zaniechań ani nie angażować się w żadne inne praktyki, które są zwodnicze, wprowadzające w błąd, oszukańcze, nieuczciwe lub w inny sposób mające wpływ na wybór konsumenta w sposób szkodzący konsumentom lub konkurencji.
5. Wspierać wysiłki na rzecz promocji edukacji konsumentów w obszarach związanych z prowadzoną działalnością biznesową, w celu między innymi poprawy zdolności konsumentów do: a) podejmowania świadomych decyzji dotyczących złożonych towarów, usług i rynków, b) lepszego zrozumienia wpływu ich decyzji na gospodarkę, środowisko i społeczeństwo oraz c) wspierania zrównoważonej konsumpcji.
6. Szanować prywatność konsumentów poprzez zapewnianie, aby praktyki przedsiębiorstw w zakresie gromadzenia i wykorzystywania danych osobowych konsumentów były zgodne z prawem, przejrzyste i uczciwe, umożliwiały konsumentom udział i dokonywanie wyboru oraz przedsiębiorstwa powinny podejmować wszelkie zasadne działania w celu zapewnienia bezpieczeństwa danych osobowych, które gromadzą, przechowują, przetwarzają lub rozpowszechniają.

7. Współpracować z władzami publicznymi w celu zapobiegania i zwalczania nieuczciwych lub zwodniczych praktyk marketingowych (w tym reklam wprowadzających w błąd i oszustw handlowych) oraz w celu minimalizowania lub zapobiegania poważnym zagrożeniom dla zdrowia i bezpieczeństwa publicznego lub środowiska, wynikającym z konsumowania, użytkowania lub pozbycia się towarów i usług przedsiębiorstw.
8. Przy stosowaniu powyższych zasad brać pod uwagę: a) potrzeby konsumentów, zwłaszcza tych, którzy mogą być podatni na zagrożenia lub znajdować się w niekorzystnej sytuacji oraz b) konkretne wyzwania przed jakimi stawia konsumentów e-commerce.

Komentarz do rozdziału VIII: „Interesy konsumenta"

93. Rozdział *Wytycznych OECD* dotyczący interesów konsumentów opiera się na pracach Komitetu OECD ds. Polityki Konsumenckiej i Komitetu ds. Rynków Finansowych, odpowiednich standardach OECD w zakresie ochrony konsumentów, a także na pracach innych organizacji, w tym Międzynarodowej Izby Handlowej, Międzynarodowej Organizacji Normalizacyjnej i Organizacji Narodów Zjednoczonych, w tym Programu Środowiskowego ONZ (tj. *Wytycznych ONZ dotyczących polityki konsumenta*) oraz odpowiednich instrumentów, w tym Kodeksu Reklamy i Komunikacji Marketingowej przeznaczonego do celów globalnego reklamowania i odpowiedzialnego marketingu, Międzynarodowej Izby Handlowej.

94. W niniejszym rozdziale zauważono, że zadowolenie konsumentów i powiązane z nim interesy stanowią fundamentalną podstawę pomyślnego funkcjonowania przedsiębiorstw. Stwierdzono też, że rynki konsumenckie towarów i usług przeszły z czasem istotną transformację. Reformy regulacyjne, bardziej otwarte rynki globalne, rozwój nowych technologii mających wpływ na charakter usług cyfrowych i finansowych, a także wzrost usług konsumenckich były kluczowymi czynnikami zmian zapewniającymi konsumentom większy wybór i inne korzyści wynikające z bardziej otwartej konkurencji. Jednocześnie tempo zmian i zwiększona złożoność wielu rynków sprawiły, że porównanie i ocena produktów i usług stają się dla konsumenta coraz trudniejszym wyzwaniem. Co więcej, demografia konsumentów również uległa zmianie. Dzieci stają się coraz bardziej znaczącą siłą na rynku, podobnie jak rosnąca liczba osób starszych. Chociaż ogólnie rzecz biorąc szeroko rozumiana grupa konsumentów jest coraz lepiej wyedukowana, wielu osobom brakuje zdolności matematycznych i czytelniczych, które są niezbędne do poruszania się na dzisiejszym złożonym, pełnym informacji rynku. Co więcej, wielu konsumentów jest coraz bardziej zainteresowanych poznaniem stanowisk oraz działalności przedsiębiorstw w odniesieniu do szeroko rozumianych kwestii gospodarczych, społecznych i środowiskowych, a także uwzględnianiem ich przy wyborze towarów i usług.

95. We wstępie do niniejszego rozdziału wzywa się przedsiębiorstwa do stosowania uczciwych praktyk biznesowych, marketingowych i reklamowych oraz do zapewnienia jakości i niezawodności dostarczanych przez przedsiębiorstwa produktów. Zwraca się uwagę, że zasady te mają zastosowanie zarówno do towarów, jak i usług.

96. W punkcie 1 podkreślono znaczenie przestrzegania przez przedsiębiorstwa wymaganych norm dotyczących zdrowia i bezpieczeństwa oraz dostarczania konsumentom stosownych informacji dotyczących zdrowia i bezpieczeństwa w odniesieniu do oferowanych produktów.

97. Punkt 2 dotyczy ujawniania informacji. Zaleca się przedsiębiorstwom przekazywanie konsumentom informacji wystarczających do podejmowania świadomych decyzji. Sposób przekazywania informacji drogą online powinien być dostosowany do możliwości w zakresie dostępu przez konsumenta do tych informacji. Przekazywane informacje powinny obejmować, w stosownych przypadkach, informacje na temat ryzyka finansowego związanego z produktami. Ponadto w niektórych przypadkach przedsiębiorstwa są prawnie zobowiązane do przekazywania informacji w sposób umożliwiający konsumentom bezpośrednie porównywanie towarów i usług (na przykład poprzez podawanie ceny jednostkowych). W przypadku braku przepisów w tym zakresie zachęca się przedsiębiorstwa do przedstawiania informacji w kontaktach z konsumentami w sposób, który ułatwia porównywanie towarów i usług oraz umożliwia konsumentom łatwe ustalenie całkowitego kosztu produktu. Podkreślono, że to, co jest uznawane za „wystarczające", może z czasem ulegać zmianie i przedsiębiorstwa powinny odpowiednio reagować na takie zmiany. Wszelkie deklaracje produktowe, środowiskowe lub społeczne składane przez przedsiębiorstwa powinny opierać się na odpowiednich dowodach oraz, w stosownych przypadkach, na odpowiednich testach i weryfikacji. Reklamacje mogą dotyczyć zarówno sposobu wytworzenia produktu lub usługi, jak i cech samego produktu lub usługi. Biorąc pod uwagę rosnące zainteresowanie konsumentów kwestiami środowiskowymi i społecznymi oraz zrównoważoną konsumpcją, należy w stosownych przypadkach udostępniać informacje na temat środowiskowych lub społecznych cech produktów i usług. Mogą one obejmować informacje na temat efektywności energetycznej oraz stopnia przydatności do recyklingu, trwałości i możliwość naprawy produktów, cech zrównoważoności produktów i usług finansowych lub, na przykład, w przypadku produktów spożywczych, informacje na temat praktyk rolniczych lub właściwości odżywczych.

98. Podejmując decyzje zakupowe, konsumenci coraz częściej biorą pod uwagę postępowanie przedsiębiorstwa. Przedsiębiorstwa są zatem zachęcane do udostępniania informacji na temat inicjatyw, jakie podjęły w celu włączenia kwestii społecznych i środowiskowych do swojej działalności biznesowej oraz wspierania zrównoważonej konsumpcji za pomocą innych środków. Ważną rolę w tym zakresie odgrywają postanowienia rozdziału III „Ujawnianie informacji". Zachęca się w nim przedsiębiorstwa do podawania do wiadomości publicznej informacji o wartości przedsiębiorstwa lub oświadczeń o prowadzeniu działalności, w tym informacji na temat polityki społecznej, etycznej i środowiskowej przedsiębiorstwa oraz innych kodeksów postępowania przestrzeganych przez przedsiębiorstwo. Przedsiębiorstwa są zachęcane do udostępniania tych informacji w prostym języku i do zapewniania dokładności wszelkich oświadczeń dotyczących wyników środowiskowych lub społecznych. Wzrost liczby przedsiębiorstw raportujących w tych obszarach i kierujących informacje do konsumentów będzie mile widziany.

99. Punkt 3 odzwierciedla język stosowany w *Zaleceniu w sprawie rozstrzygania sporów konsumenckich i dochodzenia roszczeń* [OECD/LEGAL/0356]. Zalecenie ustanawia ramy opracowywania efektywnego podejścia do rozpatrywania reklamacji konsumentów, w tym szeregu działań, które branża może podjąć w tym zakresie. Uwagę zwraca się na fakt, że mechanizmy ustanowione przez wiele przedsiębiorstw w celu rozwiązywania sporów konsumenckich pomagają zwiększyć zaufanie i zadowolenie konsumentów. Mechanizmy te mogą zapewniać bardziej praktyczne rozwiązania sporów konsumenckich niż działania prawne, które mogą być kosztowne, trudne i czasochłonne dla wszystkich zaangażowanych stron. Aby te pozasądowe mechanizmy były skuteczne, konsumenci

muszą jednak być świadomi ich istnienia i wiedzieć w jaki sposób należy zgłaszać reklamacje, zwłaszcza, jeżeli dotyczą one transakcji międzynarodowych lub wielowymiarowych.

100. Punkt 4 dotyczy zwodniczych, wprowadzających w błąd, oszukańczych i innych nieuczciwych praktyk handlowych. Należy unikać tego typu praktyk, gdyż mogą zaburzać pracę rynku, czego koszty poniosą zarówno konsumenci, jak i odpowiedzialne przedsiębiorstwa.

101. Punkt 5 dotyczy edukacji konsumentów, która nabiera większego znaczenia wraz z rosnącą złożonością wielu rynków i produktów. Rządy, organizacje konsumenckie i wiele przedsiębiorstw uznało, że jest to wspólna odpowiedzialność i że mogą one odgrywać ważną rolę w tym zakresie. Trudności, jakich doświadczają konsumenci przy ocenie złożonych produktów w obszarach finansowych i innych, uwypukliły znaczenie współpracy interesariuszy w celach promowania edukacji mającej na celu poprawę procesu podejmowania decyzji przez konsumentów.

102. Punkt 6 dotyczy danych osobowych. Coraz częstsze gromadzenie i wykorzystywanie danych osobowych przez przedsiębiorstwa może stwarzać poważne ryzyka dla prywatności konsumentów i ich dobrego samopoczucia. Ochrona danych osobowych konsumentów, w tym bezpieczeństwo danych, ma zatem ogromne znaczenie.

103. Punkt 7 podkreśla znaczenie współpracy przedsiębiorstw z władzami publicznymi w celu skuteczniejszego zapobiegania i zwalczania wprowadzających w błąd praktyk marketingowych. Postanowienia tego punktu zalecają także współpracę w celu zmniejszenia lub zapobiegania zagrożeniom dla zdrowia i bezpieczeństwa publicznego oraz dla środowiska. Zagrożenia te obejmują ryzyka związane z utylizacją towarów, a także ich konsumpcją i użytkowaniem. Odzwierciedla to uznanie znaczenia uwzględniania ryzyka w kontekście bezpieczeństwa produktów oraz zarządzania tymi ryzykami przez cały okres ich użytkowania, w szczególności na etapie projektowania, wytwarzania, dystrybucji, użytkowania i utylizacji.

104. W punkcie 8 wzywa się przedsiębiorstwa, aby przy wprowadzaniu na rynek towarów i usług uwzględniały sytuację konsumentów znajdujących się w szczególnie niekorzystnej sytuacji lub będących w trudnym położeniu. Grupa ta obejmuje konsumentów, którzy ze względu na swoje cechy osobowe lub okoliczności (takie jak wiek, sprawność umysłowa lub fizyczna, wykształcenie, dochody, język lub odległe miejsce zamieszkania) mogą napotkać szczególne trudności w funkcjonowaniu we współczesnym świecie, charakteryzującym się dużą intensywnością informacji, zglobalizowanych rynków. Podkreślono również rosnące znaczenie handlu mobilnego i innych form e-commerce na rynkach globalnych. Korzyści z takiego handlu są znaczące i stale rosną. Jednocześnie istnieją jednak także zagrożenia dla konsumentów. Rządy poświęciły wiele czasu i uwagi na badanie sposobów zapewnienia konsumentom przejrzystej i skutecznej ochrony, która w przypadku e-commerce nie byłaby niższa niż poziom ochrony zapewniany w ramach bardziej tradycyjnych form handlu. Ważne jest zatem, aby przedsiębiorstwa podejmowały działania w celu ograniczania ryzyka związanego z e-commerce, tak by poziom ochrony nie był niższy niż ten zapewniany w ramach bardziej tradycyjnych form handlu.

IX. Nauka, technologia i innowacje

Badania naukowe i innowacje technologiczne zwiększyły produktywność we wszystkich sektorach, a także zdolność przedsiębiorstw do wdrażania procedur należytej staranności i przyczyniania się do zrównoważonego rozwoju. Przedsiębiorstwa powinny, w stosownych przypadkach, przyczyniać się do rozwoju lokalnego i krajowego potencjału innowacyjnego. W kontekście rozwoju, finansowania, sprzedaży, licencjonowania, handlu i korzystania z technologii, w tym gromadzenia i wykorzystywania danych, a także badań naukowych i innowacji, przedsiębiorstwa powinny stosować się do zaleceń zawartych w *Wytycznych OECD* i przestrzegać obowiązujących krajowych przepisów oraz wymogów, w tym dotyczących prywatności i ochrony danych oraz przepisów dotyczących kontroli eksportu. Przedsiębiorstwa powinny w szczególności:

1. Przeprowadzać proces należytej staranności oparty na ryzyku, jak opisane to zostało w rozdziale II „Zasady ogólne", w odniesieniu do faktycznych i potencjalnych negatywnych skutków odnoszących się do nauki, technologii i innowacji.
2. Przyjmować, w miarę możliwości w ramach prowadzonej działalności biznesowej, praktyki umożliwiające dobrowolny, bezpieczny i skuteczny transfer technologii i know-how na wzajemnie uzgodnionych warunkach, a także zwiększać dostęp do danych i ich udostępnianie w celu wspierania odkryć naukowych i innowacji z należytym uwzględnieniem ochrony praw własności intelektualnej, zobowiązań do zachowania poufności, prywatności, ochrony danych osobowych, kontroli eksportu i zasad niedyskryminacji.
3. Tam gdzie jest to właściwe, prowadzić działalność w zakresie rozwoju nauki i technologii w krajach przyjmujących w celu zaspokojenia potrzeb lokalnego rynku, a także zatrudniać miejscowych pracowników przy realizacji działań na rzecz rozwoju nauki i technologii oraz zachęcać ich do udziału w szkoleniach oraz wspierać ich uczestnictwo w szkoleniach, uwzględniając przy tym aspekty uczciwości, bezpieczeństwa i potrzeb handlowych przedsiębiorstwa.
4. Przy udzielaniu licencji na korzystanie z praw własności intelektualnej lub przy dobrowolnym innym sposobie udostępniania technologii, przedsiębiorstwa powinny opierać się na wzajemnie uzgodnionych warunkach, z odpowiednimi zabezpieczeniami w celu zapobiegania negatywnym skutkom oraz w celu łagodzenia tych negatywnych skutków, a także w sposób który przyczyniać się będzie do długoterminowych perspektyw zrównoważonego rozwoju kraju przyjmującego i pozostanie zgodny z przepisami dotyczącymi kontroli eksportu.
5. W przypadku, gdy jest to istotne z punktu widzenia celów przedsiębiorstw, powinny one rozwijać więzi z lokalnymi instytucjami szkolnictwa wyższego i publicznymi instytucjami badawczymi oraz uczestniczyć we wspólnych projektach badawczych z przedstawicielami lokalnego przemysłu lub ze stowarzyszeniami branżowymi, w tym z małymi i średnimi przedsiębiorstwami oraz organizacjami społeczeństwa obywatelskiego. Taka współpraca powinna uwzględniać efektywne zarządzanie ryzykiem, względy etyczne, kwestie bezpieczeństwa narodowego, obowiązujące przepisy i interesy interesariuszy. Współpraca

powinna także uznawać wartość otwartej nauki i szanować zabezpieczenia mające na celu ochronę wolności akademickiej, a także autonomii badawczej i naukowej.

6. Przy gromadzeniu, udostępnianiu i wykorzystywaniu danych przedsiębiorstwa powinny zwiększać przejrzystość ustaleń dotyczących dostępu do danych i możliwości ich udostępniania oraz zachęcać do przyjmowania, w całym cyklu wartości danych, odpowiedzialnych praktyk zarządzania danymi, spełniających normy i obowiązki, które są powszechnie stosowane, uznawane lub akceptowane przez państwa wdrażające *Wytyczne OECD*, w tym te wynikające z kodeksów postępowania, zasad etycznych, zasad w zakresie manipulacji czy stosowania przymusu wobec konsumentów oraz norm dotyczących prywatności i ochrony danych.

7. Stosownie do okoliczności przedsiębiorstwa powinny wspierać wspólne wysiłki podejmowane na odpowiednich forach w celu promowania otwartego, wolnego, globalnego, międzyoperacyjnego, niezawodnego, dostępnego, przystępnego cenowo, bezpiecznego i stabilnego Internetu, w tym poprzez poszanowanie wolności wypowiedzi, pokojowego zgromadzania się i stowarzyszania się w przestrzeni wirtualnej, a także zgodnie z zaleceniami wskazanymi w *Wytycznych OECD*.

Komentarz do rozdziału IX: „Nauka, technologia i innowacje"

105. Rozwój, licencjonowanie, sprzedaż, handel i korzystanie z technologii mają znaczący wpływ na kwestie objęte *Wytycznymi OECD*, w tym na zrównoważony rozwój, prawa człowieka, udział w gospodarce, jakość demokracji, spójność społeczną, zmianę klimatu, globalny biznes i rynek pracy oraz dynamikę rynkową. Badania naukowe i innowacje technologiczne napędzają produktywność we wszystkich sektorach, a także zdolność przedsiębiorstw do wdrażania procedur należytej staranności i przyczyniania się do zrównoważonego rozwoju, ale mogą również wiązać się z wyzwaniami i negatywnym oddziaływaniem.

106. Biorąc pod uwagę ewoluujący charakter tego zagadnienia oraz fakt, że dotyka ono wielu kwestii, zakres tego rozdziału jest obszerny i włączający co zapewnić ma jego ciągłą przydatność w kontekście zagrożeń związanych z rozwojem nauki, technologii i innowacji w przyszłości.

107. W opartej na wiedzy zglobalizowanej gospodarce możliwość dostępu do technologii, danych i know-how oraz ich wykorzystania ma zasadnicze znaczenie dla poprawy wyników przedsiębiorstw. Taki dostęp ma także istotne znaczenie dla osiągnięcia ogólnogospodarczych efektów postępu technologicznego, w tym wzrostu produktywności i tworzenia miejsc pracy, postrzeganych przez pryzmat zrównoważonego rozwoju[5]. Przedsiębiorstwa wielonarodowe są ważnym narzędziem transgranicznego transferu technologii. Przedsiębiorstwa wielonarodowe mogą przyczyniać się do zwiększania krajowego potencjału innowacyjnego krajów przyjmujących poprzez generowanie, rozpowszechnianie, a nawet umożliwianie korzystania z nowych technologii przedsiębiorstwom i instytucjom krajowym. Działalność badawczo-rozwojowa

[5] Punkt 7 pozostaje bez uszczerbku dla opinii wyrażanych przez rządy w obszarze handlu elektronicznego na forum Światowej Organizacji Handlu (WTO). Nie ma on na celu ignorowania innych ważnych interesów porządku publicznego, które mogą odnosić się do korzystania z Internetu i które należałoby wziąć pod uwagę. Niektóre kraje odniosły się w tym względzie do Programu z Tunisu z 2005 r. na rzecz społeczeństwa informacyjnego.

przedsiębiorstw wielonarodowych oraz inwestycje w nowe technologie, jeśli są odpowiednio połączone z krajowym systemem innowacji, mogą przyczyniać się do zwiększania postępu gospodarczego i społecznego w państwach przyjmujących. Z kolei rozwój dynamicznego systemu innowacji w państwie przyjmującym zwiększa możliwości handlowe przedsiębiorstw wielonarodowych.

108. Rozdział ten ma zatem na celu promowanie rozpowszechniania przez przedsiębiorstwa wielonarodowe rezultatów działalności badawczo-rozwojowej w państwach, w których prowadzą działalność, przy jednoczesnym dążeniu do zwiększania potencjału innowacyjnego państw przyjmujących, w granicach wyznaczonych wykonalnością ekonomiczną, kwestiami konkurencyjności oraz zgodnie ze zobowiązaniami w zakresie ochrony prywatności, ochrony danych, bezpieczeństwa, ochrony własności intelektualnej oraz poufności. W tym względzie wspieranie rozpowszechniania technologii może obejmować komercjalizację produktów i usług, które zawierają nową technologię, licencjonowanie innowacji procesowych, zatrudnianie i szkolenie personelu naukowo-technicznego oraz rozwój wspólnych przedsięwzięć badawczo-rozwojowych. Sprzedając technologię lub udzielając licencji, należy nie tylko wspólnie uzgadniać wynegocjowane warunki, ale także przedsiębiorstwa wielonarodowe powinny wziąć pod uwagę długoterminowy wpływ technologii na rozwój, środowisko i społeczeństwo. W swojej działalności przedsiębiorstwa wielonarodowe mogą ustanawiać i podnosić potencjał innowacyjny swoich międzynarodowych spółek zależnych, podwykonawców i innych podmiotów, z którymi utrzymują relacje biznesowe. Ponadto przedsiębiorstwa wielonarodowe mogą zwracać uwagę na znaczenie lokalnej infrastruktury naukowo-technologicznej, zarówno fizycznej, jak i instytucjonalnej. W tym względzie przedsiębiorstwa wielonarodowe mogą z pożytkiem przyczynić się do formułowania przez rządy krajów przyjmujących polityk sprzyjających rozwojowi dynamicznych systemów innowacji.

109. Nauka jest rozumiana w niniejszym rozdziale między innymi jako badania i poszukiwania. Technologia zaś jako technologia cyfrowa, technologia analogowa oraz usługi cyfrowe, a także ekosystemy cyfrowe ułatwiające ich rozwój i wykorzystywanie. Innowacja rozumiana jest natomiast jako proces opracowywania nowego lub ulepszonego produktu, usługi lub procesu z zamiarem udostępnienia go potencjalnym użytkownikom lub wprowadzenia go do użytku przez przedsiębiorstwo.

110. Dane rozumiane są w niniejszym rozdziale, podobnie jak w odpowiednich zaleceniach OECD, jako informacje zapisane w ustrukturyzowanych lub nieustrukturyzowanych formatach, w tym jako tekst, obraz, dźwięk i wideo. Innowacje i nauka bazujące na danych niosą ze sobą ogromną obietnicę sprostania wielkim wyzwaniom społecznym. Inicjatywy otwartej nauki i dostęp do danych mają daleko idący wpływ na odtwarzalność rezultatów naukowych, rozpowszechnianie wiedzy w społeczeństwie, współpracę interdyscyplinarną, efektywność wykorzystania zasobów, produktywność i konkurencyjność. Transgraniczny przepływ danych ma kluczowe znaczenie dla wspierania handlu międzynarodowego, wymiany informacji i wiedzy w celu niwelowania różnic cyfrowych i w zrównoważonym rozwoju. W punkcie 2 niniejszego rozdziału podkreśla się te korzyści, ale także potwierdza istnienie ryzyka kradzieży, a również nieodpowiedzialnego udostępnienia i wykorzystywania danych z naruszeniem prywatności osób fizycznych i w sposób mogący stanowić potencjalne zagrożenie dla bezpieczeństwa narodowego. Przedsiębiorstwa

funkcjonujące w ekosystemie danych, w tym przedsiębiorstwa będące w posiadaniu danych, producentów danych oraz pośredników w zakresie wykorzystywania danych, zgodnie z definicją zawartą w *Zaleceniu w sprawie zwiększenia dostępu do danych i ich udostępniania* [OECD/LEGAL/0463], zachęca się do wzięcia pod uwagę zaleceń dotyczących odpowiedzialnego dostępu do danych, ich udostępniania i wykorzystywania, jak określono w wyżej wymienionym zaleceniu, które ma na celu zapewnienie wdrożenia środków zarządzania ryzykiem w całym cyklu wartości danych, w tym środków niezbędnych do ochrony poufności, integralności, bezpieczeństwa i dostępności danych, w szczególności w kontekście zarządzania danymi biologicznymi, takimi jak DNA, oraz podczas ujawniania danych organom ścigania i innym agencjom rządowym.

111. W punkcie 4 określono oczekiwania wobec przedsiębiorstw, które powinny być proporcjonalne w dążeniu do unikania warunków skutkujących niezamierzonymi konsekwencjami. Przedsiębiorstwa powinny również podejmować wysiłki w celu identyfikowania sytuacji, w jakich niektóre podmioty mogą próbować czerpać korzyści z transferu technologii w celu niewłaściwego wykorzystania technologii cywilnej.

112. Zgodnie z rozdziałem II „Zasady ogólne", charakter i zakres należytej staranności w odniesieniu do negatywnych skutków związanych z nauką, technologią i innowacjami zależy od okoliczności występujących w konkretnych sytuacjach i obejmuje ustalanie priorytetów w oparciu o analizę ryzyka. Taka analiza powinna także uwzględniać znane lub zasadnie przewidywalne okoliczności związane z korzystaniem z produktu lub usługi zgodnie z jego przeznaczeniem lub w warunkach zasadnie przewidywalnego niewłaściwego wykorzystania lub użytkowania mogącego powodować negatywne skutki.

113. Przedsiębiorstwa zaangażowane w rozwój nowych technologii lub nowych zastosowań istniejących narzędzi powinny w miarę możliwości przewidywać, a w stosownych przypadkach podejmować wyzwania etyczne, prawne, pracownicze, społeczne i środowiskowe związane z nowymi technologiami, jednocześnie promując odpowiedzialne innowacje i angażując się w dialog i wymianę informacji z lokalnymi organami regulacyjnymi i przedstawicielami pracowników. W uzupełnieniu do wdrażania i jako wsparcie we wdrażaniu zaleceń *Wytycznych OECD*, przedsiębiorstwa zachęca się do wzięcia pod uwagę dostępnych wytycznych dotyczących procesu innowacji, w tym stosownych standardów OECD w dziedzinie sztucznej inteligencji i neurotechnologii, w tym *Zalecenia w sprawie sztucznej inteligencji* [OECD/LEGAL/0449] oraz *Zalecenia w sprawie odpowiedzialnych innowacji w neurotechnologii* [OECD/LEGAL/0457].

114. Bezpieczeństwo cyfrowe to wspólna odpowiedzialność wszystkich interesariuszy, w tym środowiska biznesowego, klientów oraz administracji rządowych. Incydenty związane z bezpieczeństwem cyfrowym, takie jak nieautoryzowany dostęp do systemów lub oprogramowania, włamania na konta, utrata lub kradzież danych lub ingerencja w zasoby IT mogą szkodzić przedsiębiorstwom, administracji rządowej oraz osobom fizycznym, podważając dostępność, integralność i/lub poufność danych, systemów informatycznych i sieci. Przedsiębiorstwa powinny zarządzać ryzykiem związanym z bezpieczeństwem cyfrowym w sposób zgodny z postanowieniami pozostałych rozdziałów *Wytycznych OECD*. Zasady uwzględniania ochrony prywatności na etapie projektowania, stosowanie silnego szyfrowania, protokoły zarządzania uprawnieniami i dostępem oraz inne najlepsze praktyki mogą zmniejszyć zagrożenia i łagodzić szkody. Przedsiębiorstwa powinny także wziąć pod uwagę odpowiednie standardy OECD w obszarze danych.

115. We wszystkich działaniach dotyczących uczestnictwa dzieci i młodzieży w środowisku cyfrowym lub ich zaangażowania w to środowisko, przedsiębiorstwa powinny brać pod uwagę odpowiednio najlepszy interes dziecka jako kwestię nadrzędną oraz w ramach wdrażania procedur należytej staranności identyfikować sposoby, w jakie prawa dzieci i prawa osób młodych mogą być przestrzegane, a dobro dzieci i młodzieży może być chronione i promowane w środowisku cyfrowym, a także podejmować odpowiednie działania w tym celu zgodnie z *Zaleceniem w sprawie dzieci w środowisku cyfrowym* [OECD/LEGAL/0389] oraz z *Wytycznymi OECD dla dostawców usług cyfrowych.*

X. Konkurencja

Przedsiębiorstwa powinny:

1. Prowadzić działalność w sposób zgodny ze wszystkimi mającymi zastosowanie przepisami prawa i regulacjami, biorąc pod uwagę prawa ochrony konkurencji obowiązujące w krajach, na które wpływ mają antykonkurencyjne działania przedsiębiorstw.
2. Powstrzymywać się od zawierania lub wykonywania antykonkurencyjnych porozumień między konkurentami, włączając w to porozumienia mające na celu:
   a) ustalanie cen;
   b) składanie sfałszowanych ofert (zmowy przetargowe);
   c) ustanawianie ograniczeń lub kwot produkcji; lub
   d) wspólne lub indywidualne korzystanie z rynków w wyniku alokacji klientów, dostawców, terytoriów lub linii produktowych.
3. Współpracować z organami dochodzeniowymi ds. konkurencji, między innymi oraz z zastrzeżeniem obowiązujących przepisów prawa i odpowiednich zabezpieczeń, udzielając odpowiedzi na wnioski o udzielenie informacji tak sprawnie i wyczerpująco, jak to możliwe, oraz biorąc pod uwagę zastosowanie dostępnych instrumentów, takich jak zwolnienie z obowiązku zachowania poufności w stosownych przypadkach, w celu promowania skutecznej i wydajnej współpracy między organami dochodzeniowymi.
4. Regularne promować wśród pracowników świadomość znaczenia przestrzegania wszystkich obowiązujących przepisów w zakresie konkurencji, a w szczególności przeprowadzać szkolenia kierownictwa wyższego szczebla przedsiębiorstwa w kwestiach dotyczących konkurencji.

Komentarz do rozdziału X: „Konkurencja"

116. Zalecenia zawarte w niniejszym rozdziale podkreślają znaczenie przepisów i regulacji dotyczących konkurencji dla skutecznego funkcjonowania zarówno rynków krajowych, jak i międzynarodowych, a także potwierdzają znaczenie przestrzegania tych przepisów i regulacji przez przedsiębiorstwa krajowe i wielonarodowe. Zalecenia te mają również na celu zapewnienie tego, aby wszystkie przedsiębiorstwa były świadome zmian dotyczących zakresu, środków zaradczych i sankcji zawartych w prawie konkurencji oraz zakresu współpracy między organami ochrony konkurencji. Termin „prawo ochrony konkurencji" jest używany w odniesieniu do przepisów odnoszących się zarówno do przepisów prawa chroniącego konkurencję, jak i do przepisów antymonopolowych, które w różny sposób zakazują: a) zawierania porozumień antykonkurencyjnych, b) nadużywania pozycji rynkowej lub dominacji, c) uzyskiwania pozycji rynkowej lub dominacji w sposób inny niż efektywne prowadzenie działalności lub d) znacznego ograniczania konkurencji lub znacznego utrudniania skutecznej konkurencji poprzez fuzje lub przejęcia.

117. Ogólnie rzecz biorąc, prawo i polityka konkurencji zakazują: a) karteli typu *hard core*, b) innych porozumień antykonkurencyjnych, c) zachowań antykonkurencyjnych, które wykorzystują lub nadużywają dominacji rynkowej lub pozycji rynkowej oraz d) fuzji i przejęć niezgodnych z prawem konkurencji. Zgodnie z *Zaleceniem dotyczącym skutecznych działań przeciwko kartelom typu hard core* [OECD/LEGAL/0452], porozumienia

antykonkurencyjne, o których mowa w podpunkcie a), stanowią kartele typu hard core, przy czym *Zalecenie* uwzględnia różnice w przepisach państw członkowskich, w tym różnice w wyłączeniach lub przepisach dopuszczających wyjątek lub zezwolenie na działalność, która w przeciwnym razie mogłaby być zakazana. Zalecenia zawarte w niniejszych *Wytycznych OECD* nie sugerują, że przedsiębiorstwa powinny zrezygnować z korzystania z takich prawnie dostępnych wyłączeń lub przepisów. Podpunkty b) i c) dotyczą bardziej ogólnych kategorii, ponieważ skutki innego rodzaju porozumień oraz działań jednostronnych są wieloznaczne, i mniej jasnym jest co należy uznawać za niezgodne z prawami konkurencji.

118. Celem polityki konkurencji jest przyczynianie się do ogólnego dobrobytu i wzrostu gospodarczego poprzez promowanie takich warunków rynkowych, w których konkurencyjne siły rynkowe decydują o charakterze, jakości oraz cenie towarów i usług. Oprócz korzyści dla konsumentów i całej gospodarki danego kraju takie konkurencyjne środowisko nagradza przedsiębiorstwa, które efektywnie reagują na popyt konsumentów. Przedsiębiorstwa mogą przyczynić się do tego procesu, dostarczając informacji i porad w sytuacjach rozważania przez rządy przepisów i polityk, które mogą ograniczyć efektywność lub w inny sposób zmniejszyć konkurencyjność rynków.

119. Przedsiębiorstwa powinny mieć świadomość tego, że przepisy dotyczące konkurencji są nadal uchwalane i że coraz częściej zakazują one działań antykonkurencyjnych, które mają miejsce za granicą, jeśli mają one szkodliwy wpływ na konsumentów krajowych. Co więcej, handel i inwestycje transgraniczne zwiększają prawdopodobieństwo tego, że działania antykonkurencyjne mające miejsce w jednym kraju będą miały negatywne skutki w innych. Przedsiębiorstwa powinny zatem brać pod uwagę zarówno prawo kraju, w którym prowadzą działalność, jak i prawa wszystkich krajów, w których skutki ich postępowania mogą być odczuwalne.

120. Wreszcie, przedsiębiorstwa powinny zdać sobie sprawę z tego, że organy ds. konkurencji angażują się w coraz szerszą współpracę w zakresie badania i kwestionowania działalności antykonkurencyjnej. Zob. odpowiednie standardy OECD w obszarze polityki konkurencji. Gdy organy ds. konkurencji w różnych krajach badają te same zachowania, ułatwianie przez przedsiębiorstwa współpracy między organami promuje spójne i rozsądne podejmowanie decyzji oraz stosowanie konkurencyjnych środków zaradczych, umożliwiając jednocześnie oszczędności kosztów dla rządów i przedsiębiorstw.

121. Podczas gdy przedsiębiorstwa i inicjatywy współpracy, w które są zaangażowane, powinny podejmować proaktywne kroki w celu zrozumienia kwestii związanych z prawem konkurencji w ich kraju i unikania działań, które mogłyby stanowić naruszenie prawa konkurencji, wiarygodne inicjatywy w zakresie odpowiedzialnego prowadzenia działalności biznesowej nie są z natury sprzeczne z celami prawa konkurencji i zazwyczaj współpraca w ramach takich inicjatyw nie będzie stanowić naruszenia takich przepisów.

122. W zależności od kontekstu krajowego, przedsiębiorstwa mogą podlegać prawu konkurencji, gdy kupują wkład pracy od pracowników w podobny sposób, jak w przypadku zakupu innych towarów i usług. W takich sytuacjach, w przypadku zmowy między pracodawcami w zakresie wynagrodzeń (ustalanie wynagrodzeń) i praktyk zatrudniania (takich jak porozumienia o zakazie pobierania wynagrodzenia i zakazie zatrudniania), mogą mieć zastosowanie surowe sankcje. Przedsiębiorstwa powinny zatem upewnić się, że przestrzegają obowiązujących przepisów w zakresie polityki rekrutacji i zatrudnienia, również podczas planowania fuzji i przejęć.

XI. Opodatkowanie

1. Ważne jest, aby przedsiębiorstwa wnosiły wkład w finanse publiczne krajów przyjmujących poprzez terminowe regulowanie swoich zobowiązań podatkowych. Przedsiębiorstwa powinny w szczególności przestrzegać zarówno litery, jak i ducha przepisów prawa podatkowego w krajach, w których prowadzą działalność. Przestrzeganie ducha prawa oznacza rozeznanie i podążanie za intencją ustawodawcy. Nie wymaga to od przedsiębiorstwa obowiązku zapłaty kwoty przekraczającej kwotę ustawowo wymaganą zgodnie z taką interpretacją. Zgodność z przepisami podatkowymi obejmuje stosowanie takich środków jak terminowe dostarczanie odpowiednim organom informacji, które są istotne lub wymagane przez prawo w celu prawidłowego ustalenia podatków naliczanych w związku z prowadzoną działalnością, oraz dostosowanie praktyk w zakresie cen transferowych zgodnie z zasadą ceny rynkowej.
2. Przedsiębiorstwa powinny traktować zarządzanie podatkami i zgodność z przepisami podatkowymi jako istotne elementy swoich systemów nadzoru i zarządzania ryzykiem. Zarządy spółek powinny w szczególności przyjąć strategie zarządzania ryzykiem podatkowym w celu zapewnienia, aby ryzyko finansowe, regulacyjne i reputacyjne związane z opodatkowaniem było w pełni identyfikowane i poddane ocenie.

Komentarz do rozdziału XI: „Opodatkowanie"

123. Odpowiedzialna postawa przedsiębiorstwa w dziedzinie opodatkowania oznacza, że przedsiębiorstwa powinny przestrzegać zarówno litery, jak i ducha przepisów podatkowych we wszystkich krajach, w których prowadzą działalność, współpracować z władzami i udostępniać im informacje, które są istotne lub wymagane przepisami prawa. Przedsiębiorstwo postępuje zgodnie z duchem przepisów podatkowych, jeśli podejmuje zasadne działania w celu ustalenia intencji ustawodawcy i interpretuje przepisy podatkowe zgodnie z tą intencją w świetle języka ustawowego i odpowiedniej, współczesnej historii legislacyjnej. Nie należy prowadzić transakcji w sposób powodujący skutki podatkowe niezgodne z konsekwencjami gospodarczymi leżącymi u podstaw transakcji, chyba że istnieją szczegółowe przepisy mające na celu uzyskanie takiego wyniku. W takim przypadku przedsiębiorstwo powinno mieć zasadne przekonanie, że transakcja jest skonstruowana w sposób zapewniający mu wynik podatkowy niebędący sprzecznym z intencjami ustawodawcy.

124. Przestrzeganie przepisów podatkowych obejmuje również współpracę z organami podatkowymi i dostarczanie informacji wymaganych przez te organy w celu zapewnienia efektywnego i sprawiedliwego stosowania przepisów podatkowych. Taka współpraca powinna obejmować udzielanie terminowych i kompletnych odpowiedzi na wnioski o udzielenie informacji składane przez właściwe organy zgodnie z postanowieniami umowy o unikaniu podwójnego opodatkowania lub umowy o wymianie informacji. Zobowiązanie do udzielania informacji nie jest jednak nieograniczone. W szczególności *Wytyczne OECD* wprowadzają powiązanie między informacjami, które powinny zostać przekazane, a ich znaczeniem dla celów egzekwowania obowiązujących przepisów podatkowych. Wynika to

z potrzeby zrównoważenia obciążenia przedsiębiorstw obowiązkiem w zakresie przestrzegania obowiązujących przepisów podatkowych oraz potrzeby posiadania przez organy podatkowe kompletnych, terminowych i dokładnych informacji umożliwiających im egzekwowanie przepisów podatkowych.

125. Zobowiązania przedsiębiorstw do współpracy, przejrzystości i przestrzegania przepisów podatkowych powinny znaleźć odzwierciedlenie w systemach, strukturach i politykach zarządzania ryzykiem. W przypadku przedsiębiorstw posiadających formę prawną spółki handlowej zarządy spółek mają możliwość nadzorować ryzyko podatkowe na wiele sposobów. Przykładowo, zarządy spółek powinny aktywnie opracowywać odpowiednie zasady polityki podatkowej, a także ustanawiać wewnętrzne systemy kontroli podatkowej w celu zapewnienia, aby działania kierownictwa były spójne z poglądami zarządu na temat ryzyka podatkowego. Zarząd powinien być informowany o wszystkich potencjalnie istotnych ryzykach podatkowych i powinien ponosić odpowiedzialność za wykonywanie funkcji wewnętrznej kontroli podatkowej i za przekazywanie sprawozdań do zarządu. Kompleksowa strategia zarządzania ryzykiem, która obejmuje podatki, pozwoli przedsiębiorstwu nie tylko działać w sposób odpowiedzialny, ale również skutecznie zarządzać ryzykiem podatkowym, co może przyczynić się do uniknięcia istotnego ryzyka finansowego, regulacyjnego czy reputacyjnego.

126. Przejrzystość podatkowa wspiera integralność systemu podatkowego danego kraju i jest ważnym sposobem na zapewnienie i wykazanie, że przedsiębiorstwa przestrzegają litery i ducha przepisów podatkowych. Przedsiębiorstwo wchodzące w skład grupy przedsiębiorstw wielonarodowych w jednym kraju może mieć rozległe relacje biznesowe z podmiotami wchodzącymi w skład tej samej grupy w innych krajach. Takie relacje mogą mieć wpływ na zobowiązania podatkowe każdej ze stron. W związku z tym organy podatkowe mogą potrzebować informacji spoza swoich krajów w celu oceny tych relacji i ustalenia zobowiązania podatkowego przedsiębiorstwa wchodzącego w skład grupy przedsiębiorstw wielonarodowych w ich kraju. Ponadto informacje oczekiwane od przedsiębiorstwa ogranicza się do informacji, które są istotne lub wymagane przez prawo dla proponowanej oceny tych relacji biznesowych w celu ustalenia prawidłowego zobowiązania podatkowego przedsiębiorstwa wchodzącego w skład grupy przedsiębiorstw wielonarodowych. Przedsiębiorstwa wielonarodowe powinny współpracować przy dostarczaniu tych informacji. Szereg działań w ramach projektu *OECD/G20 Inclusive Framework on Base Erosion and Profit Shifting* (BEPS) ma na celu poprawę przejrzystości, w tym przygotowywanie i wymianę sprawozdań z podziałem na kraje (Działanie 13 BEPS), obowiązkową automatyczną wymianę istotnych informacji na temat interpretacji indywidualnych dla podatników (Działanie 5 BEPS) oraz obowiązkowe zasady ujawniania informacji dotyczących schematów agresywnego planowania podatkowego (Działanie 12 BEPS).

127. Ceny transferowe to kolejna ważna kwestia dotycząca odpowiedzialnej postawy i opodatkowania przedsiębiorstw. Gwałtowny wzrost handlu globalnego i transgranicznych inwestycji bezpośrednich (oraz istotna rola, jaką odgrywają w takim handlu i inwestycjach przedsiębiorstwa wielonarodowe) oznacza, że ceny transferowe są istotnym czynnikiem determinującym zobowiązania podatkowe członków grupy przedsiębiorstw wielonarodowych, ponieważ mają istotny wpływ na podział podstawy opodatkowania pomiędzy krajami, w których przedsiębiorstwo wielonarodowe prowadzi działalność gospodarczą. Zasada ceny rynkowej, która wynika zarówno z *Modelowej konwencji*

podatkowej OECD, jak i z *Modelowej konwencji ONZ w sprawie unikania podwójnego opodatkowania między krajami rozwiniętymi i rozwijającymi się*, jest uznanym na całym świecie standardem korekty zysków powiązanych przedsiębiorstw. Stosowanie zasady ceny rynkowej pozwala uniknąć niewłaściwego przenoszenia zysków lub strat i minimalizuje ryzyko podwójnego opodatkowania. Jej właściwe stosowanie wymaga od przedsiębiorstw wielonarodowych współpracy z organami podatkowymi i dostarczania wszelkich informacji, które są istotne lub wymagane przepisami prawa w odniesieniu do wyboru metody określania cen transferowych przyjętej dla transakcji międzynarodowych zawieranych przez przedsiębiorstwa wielonarodowe i podmioty z nimi powiązane. Uznaje się, że ustalenie czy ceny transferowe odpowiednio odzwierciedlają standard (lub zasadę) ceny rynkowej, jest często trudne zarówno dla przedsiębiorstw wielonarodowych, jak i dla organów administracji podatkowej, a ich stosowanie nie jest nauką ścisłą.

128. Komitet ds. podatkowych OECD nieustannie prowadzi prace nad opracowaniem zaleceń mających na celu zapewnienie, że ceny transferowe odzwierciedlają zasadę ceny rynkowej. Wynikiem tych prac było opublikowanie w 1995 r. *Wytycznych OECD dotyczących cen transferowych dla przedsiębiorstw wielonarodowych i administracji podatkowych (Wytyczne OECD dotyczące cen transferowych)*, które były przedmiotem *Zalecenia dotyczącego ustalania cen transferowych między przedsiębiorstwami powiązanymi* [OECD/LEGAL/0279] (członkowie grupy przedsiębiorstw wielonarodowych mieszczą się zazwyczaj w definicji przedsiębiorstw powiązanych). *Wytyczne OECD dotyczące cen transferowych* są na bieżąco aktualizowane w celu odzwierciedlenia zmian w gospodarce światowej oraz doświadczeń administracji podatkowych i podatników mających do czynienia z cenami transferowymi. Co ważne, Zalecenie Rady zostało zmienione w 2017 r. w celu odzwierciedlenia zatwierdzenia przez Radę pakietu BEPS, wzmocnienia wpływu i znaczenia *Wytycznych OECD dotyczących cen transferowych* poza członkostwem w OECD oraz zapewnienia większej przejrzystości i pewności prawnej rządom i podatnikom w zakresie statusu przyszłych zmian *Wytycznych OECD dotyczących cen transferowych* poprzez wspieranie ich terminowego wdrożenia. Zasada ceny rynkowej, mająca zastosowanie do przypisywania zysków stałych zakładów w celu ustalenia praw państwa przyjmującego do opodatkowania na mocy umowy podatkowej, była przedmiotem Zalecenia Rady OECD przyjętego w 2008 r.

129. *Wytyczne OECD dotyczące cen transferowych* koncentrują się na zastosowaniu zasady ceny rynkowej do oceny cen transferowych przedsiębiorstw powiązanych. *Wytyczne OECD dotyczące cen transferowych* mają na celu udzielanie pomocy administracjom podatkowym (zarówno państw członkowskich OECD, jak i państw niebędących członkami) oraz przedsiębiorstwom wielonarodowym poprzez wskazanie wzajemnie satysfakcjonujących rozwiązań w sprawach dotyczących cen transferowych, minimalizując w ten sposób konflikty między administracjami podatkowymi oraz między administracjami podatkowymi a przedsiębiorstwami wielonarodowymi, a także pozwalając uniknąć kosztownych sporów sądowych. Przedsiębiorstwa wielonarodowe zachęca się do stosowania się do wskazówek zawartych w *Wytycznych OECD dotyczących cen transferowych*, w wersji zmienionej i uzupełnionej, w celu upewnienia się, że stosowane ceny transferowe odzwierciedlają zasadę ceny rynkowej.

130. Spójność i zgodność międzynarodowej architektury podatkowej, która ma zastosowanie do grup przedsiębiorstw wielonarodowych, została szerzej wzmocniona w ramach projektu

BEPS OECD/G20. *Wielostronna konwencja o wdrażaniu środków związanych z umowami podatkowymi w celu zapobiegania erozji podstawy opodatkowania i przenoszeniu zysku* [OECD/LEGAL/0432] ułatwia wdrożenie szeregu środków mających na celu zwalczanie unikania opodatkowania i poprawę spójności międzynarodowych przepisów podatkowych, w tym minimalnych standardów w zakresie unikania nadużyć względem umów podatkowych i poprawy procesu rozstrzygania sporów. Sukces tego systemu opiera się na sieci pozytywnych relacji, współpracy i wzajemności.

Część II:
Procedury wdrażania *Wytycznych OECD dla przedsiębiorstw wielonarodowych dotyczących odpowiedzialnego prowadzenia działalności biznesowej*

Decyzja Rady w sprawie *Wytycznych OECD dla przedsiębiorstw wielonarodowych dotyczących odpowiedzialnego prowadzenia działalności biznesowej*

RADA,
UWZGLĘDNIAJĄC art. 5a) *Konwencji o Organizacji Współpracy Gospodarczej i Rozwoju z dnia 14 grudnia 1960 r.*;

UWZGLĘDNIAJĄC *Deklarację OECD w sprawie inwestycji międzynarodowych oraz przedsiębiorstw wielonarodowych* (*Deklaracja OECD)* [OECD/LEGAL/0144], w której Państwa członkowskie i przystępujące do Deklaracji strony niebędące Państwami członkowskimi (Państwa wdrażające *Wytyczne OECD*) wspólnie zalecają przedsiębiorstwom wielonarodowym działającym na ich terytoriach lub z ich terytoriów przestrzeganie *Wytycznych OECD dla przedsiębiorstw wielonarodowych dotyczących odpowiedzialnego prowadzenia działalności biznesowej* (Wytyczne OECD);

UZNAJĄC, że współpraca międzynarodowa w kwestiach związanych z Deklaracją OECD powinna obejmować wszystkie kraje, ponieważ działalność przedsiębiorstw wielonarodowych rozciąga się na cały świat;

ZWAŻYWSZY, że pożądane jest usprawnienie procedur, za pomocą których mogą odbywać się konsultacje w sprawach objętych niniejszymi *Wytycznymi OECD* oraz promowanie skuteczności tych *Wytycznych OECD*;

w związku z propozycją Komitetu Inwestycyjnego:

DECYDUJE, CO NASTĘPUJE:

I. Krajowe Punkty Kontaktowe OECD ds. odpowiedzialnego biznesu

1. W celu zwiększenia skuteczności *Wytycznych OECD* Państwa wdrażające *Wytyczne OECD* utworzą Krajowe Punkty Kontaktowe OECD ds. odpowiedzialnego biznesu (KPK OECD). Krajowe Punkty Kontaktowe OECD ds. odpowiedzialnego biznesu mają następujące obowiązki:
   a) promowanie *Wytycznych OECD*, podnoszenie poziomu świadomości w zakresie *Wytycznych OECD* oraz ich stosowania w praktyce, włączając w to udzielanie odpowiedzi na zapytania;
   b) udział w rozwiązywaniu kwestii spornych pojawiających się w związku z wdrażaniem *Wytycznych OECD* w ramach postępowań (*specific instances*) prowadzonych przed KPK OECD.

Ponadto, w stosownych przypadkach i we współpracy z odpowiednimi agencjami rządowymi, KPK OECD może także wspierać administrację rządową w swoim kraju w podejmowaniu wysiłków mających na celu opracowywanie, wdrażanie i wspieranie spójności polityk promujących odpowiedzialne prowadzenie działalności biznesowej.

Środowisko biznesowe, organizacje pracownicze, inne organizacje pozarządowe i inne zainteresowane strony powinny być informowane o działalności i dostępności KPK OECD.

2. O ile jest to konieczne, KPK OECD w różnych państwach wdrażających *Wytyczne OECD* współpracują we wszelkich kwestiach związanych z *Wytycznymi OECD* mającymi znaczenie dla prowadzonej przez nie działalności. Zgodnie z procedurą ogólną dyskusje na szczeblu krajowym powinny być inicjowane przed podjęciem kontaktów z innymi KPK OECD.
3. Spotkania KPK OECD odbywają się regularnie, a w ich trakcie KPK OECD dzielą doświadczeniami i składają sprawozdania Komitetowi Inwestycyjnemu.
4. Państwa wdrażające *Wytyczne OECD* udostępniają swoim KPK OECD zasoby ludzkie i finansowe, tak aby mogły one skutecznie wypełniać swoje obowiązki w sposób, który w pełni spełnia kryteria skuteczności opisane w procedurach załączonych do niniejszej Decyzji, z uwzględnieniem wewnętrznych możliwości i praktyk budżetowych.
5. Państwa wdrażające *Wytyczne OECD* przeprowadzają okresowe oceny swoich KPK OECD, z zastrzeżeniem funkcjonalności przyjętych przez Grupę roboczą OECD ds. odpowiedzialnego prowadzenia działalności biznesowej (*Working Party on Responsible Business Conduct*, WPRBC).

II. Komitet Inwestycyjny i Grupa robocza ds. odpowiedzialnego prowadzenia działalności biznesowej

1. Komitet Inwestycyjny (Komitet) nadzoruje wdrażanie Deklaracji w sprawie inwestycji międzynarodowych i przedsiębiorstw wielonarodowych. WPRBC wspiera Komitet we wdrażaniu Części I. Deklaracji OECD w odniesieniu do obowiązków Komitetu związanych z *Wytycznymi OECD*.
2. Komitet okresowo lub na wniosek Państwa wdrażającego Wytyczne OECD przeprowadza wymianę opinii na temat kwestii objętych *Wytycznymi OECD* oraz doświadczeń zdobytych podczas ich stosowania. Komitet systematycznie zaprasza swoje organy doradcze, tj. środowiska biznesowe zrzeszone w *Business at OECD* (BIAC), Komitet Doradczy Związków Zawodowych przy OECD (TUAC) oraz organizację reprezentującą głos społeczeństwa obywatelskiego, tj. OECD Watch, a także innych partnerów międzynarodowych do przedstawiania swoich poglądów na temat spraw objętych *Wytycznymi OECD*. Ponadto na wniosek tych środowisk może być prowadzona z nimi wymiana opinii i poglądów dotyczących kwestii objętych Wytycznymi OECD.
3. Komitet współpracuje z krajami niebędącymi Państwami wdrażającymi *Wytyczne OECD* w kwestiach objętych *Wytycznymi OECD* w celu promowania odpowiedzialnego prowadzenia działalności biznesowej na całym świecie zgodnie z *Wytycznymi OECD* i stworzenia jednakowych warunków konkurencji. Komitet dąży także do współpracy z państwami niebędącymi Państwami wdrażającymi Wytyczne OECD, które są szczególnie zainteresowane *Wytycznymi OECD* oraz promowaniem ich zasad i standardów.

4. Komitet jest odpowiedzialny za wyjaśnianie *Wytycznych OECD*. Strony zaangażowane w kwestię sporną (sprawę prowadzoną przez KPK OECD), która stała się podstawą wniosku o interpretację *Wytycznych OECD*, mają możliwość wyrażenia swoich poglądów ustnie lub na piśmie. Komitet nie wyciąga wniosków na temat postępowania poszczególnych przedsiębiorstw.
5. Komitet organizuje wymianę poglądów na temat działalności KPK OECD w celu zwiększenia efektywności *Wytycznych OECD* i wspierania równoważności funkcjonalnej KPK OECD.
6. Komitet składa Radzie okresowe sprawozdania dotyczące spraw objętych *Wytycznymi OECD*. W swoich sprawozdaniach, w zależności od okoliczności Komitet uwzględnia raporty KPK OECD oraz opinie organów doradczych (BIAC i TUAC), OECD Watch, innych partnerów międzynarodowych oraz państw niebędących Państwami wdrażającymi *Wytyczne OECD*.
7. Komitet, we współpracy z KPK OECD, aktywnie promuje skuteczne przestrzeganie przez przedsiębiorstwa zasad i standardów zawartych w *Wytycznych OECD*. Komitet poszukuje w szczególności możliwości współpracy z organami doradczymi (BIAC i TUAC), OECD Watch, innymi partnerami międzynarodowymi i innymi interesariuszami w celu zachęcania przedsiębiorstw wielonarodowych do wnoszenia pozytywnych wkładów, w kontekście *Wytycznych OECD*, w postęp gospodarczy, środowiskowy i społeczny w celu osiągnięcia zrównoważonego rozwoju oraz w celu pomocy w identyfikacji i reagowaniu na ryzyka powstawania negatywnych oddziaływań związanych z określonymi produktami, regionami, sektorami lub branżami.

III. Wdrożenie i weryfikacja Decyzji Rady

1. Procedury załączone do niniejszej Decyzji określają oczekiwania, zalecenia i wskazówki mające zastosowanie do Państw wdrażających *Wytyczne OECD*, KPK OECD, Komitetu i WPRBC we wdrażaniu niniejszej Decyzji.
2. Niniejsza Decyzja podlega okresowej weryfikacji. W tym celu Komitet przedstawia propozycje, a WPRBC może opracowywać i przedkładać takie propozycje Komitetowi.

Procedury

I. Krajowe Punkty Kontaktowe OECD ds. odpowiedzialnego biznesu

Rolą Krajowych Punktów Kontaktowych OECD ds. odpowiedzialnego biznesu (KPK OECD) jest wspieranie skuteczności *Wytycznych OECD*. KPK OECD działają w sposób:

1. widoczny,
2. dostępny,
3. przejrzysty,
4. rozliczalny,
5. bezstronny i sprawiedliwy,
6. przewidywalny oraz
7. zgodny z *Wytycznymi OECD*.

Zasady te stanowią łącznie podstawowe kryteria skuteczności KPK OECD. KPK OECD, biorąc pod uwagę szczególne okoliczności, w jakich funkcjonują, dążą do zachowania równoważności funkcjonalnej, co oznacza, że wszystkie KPK OECD funkcjonują z równoważnym stopniem skuteczności, poprzez osiągnięcie podstawowych kryteriów skuteczności KPK OECD.

A. Rozwiązania instytucjonalne

Zgodnie z celami równoważności funkcjonalnej KPK OECD i w celu wspierania skuteczności *Wytycznych OECD*, Państwa wdrażające *Wytyczne OECD* mają swobodę w organizowaniu KPK OECD oraz zapewnienia ich podstawowych kryteriów skuteczności. Określając rozwiązania instytucjonalne KPK OECD, administracje rządowe będą dążyć do aktywnego wspierania partnerów społecznych (w sytuacjach, gdzie będzie to miało zastosowanie) oraz innych interesariuszy, a także innych odpowiednich agencji rządowych.

W związku z tym, KPK OECD:

1. Zostaną zorganizowane w taki sposób, aby ich struktura oraz zasoby były wystarczające do zapewnienia skutecznej podstawy do zajmowania się szerokim zakresem spraw objętych *Wytycznymi OECD*; aby miały dostęp do wiedzy specjalistycznej na temat wszystkich istotnych aspektów mandatu KPK OECD; działały w sposób bezstronny i zapewniały odpowiedni poziom rozliczalności przed rządem Państwa wdrażającego *Wytyczne OECD*.
2. Mogą korzystać z różnych form organizacji, aby spełniać podstawowe kryteria skuteczności i dążyć do równoważności funkcjonalnej, pamiętając o istotnym znaczeniu utrzymania zaufania interesariuszy. Przykładowo, KPK OECD może funkcjonować w osobie wyższego rangą urzędnika rządowego lub w biurze administracji rządowej kierowanym przez takiego urzędnika; jako organ międzyagencyjny lub międzyresortowy składający się z urzędników wyższego szczebla lub kierowany przez takich urzędników; jako organ w skład którego wchodzą przedstawiciele administracji rządowej, środowiska biznesowego, organizacji

pracowniczych i innych organizacji pozarządowych (wielostronnych) i/lub niezależnych ekspertów. Administracje rządowe zachęca się do włączania przedstawicieli środowiska biznesowego, organizacji pracowniczych i innych organizacji pozarządowych do organów doradczych lub nadzorczych KPK OECD, o ile jest to przydatne do wspierania KPK OECD w realizacji ich zadań.

3. Rozwijają i utrzymują znaczące relacje oraz współpracują z partnerami społecznymi w stosownych przypadkach, a także z przedstawicielami środowiska biznesowego, organizacji pracowniczych, organizacji pozarządowych i/lub innych zainteresowanych stron, które mogą przyczynić się do skuteczności *Wytycznych OECD*.

B. Informowanie i promocja

KPK OECD będzie:

1. Rozpowszechniać i udostępniać *Wytyczne OECD* za pomocą odpowiednich środków, w tym za pośrednictwem informacji online oraz w językach krajowych. KPK OECD powinny także promować powiązane wytyczne OECD dotyczące należytej staranności w zakresie odpowiedzialnego biznesu, ze szczególnym uwzględnieniem charakteru tych wytycznych, o czym mowa w Komentarzu do rozdziału II „Zasady ogólne" *Wytycznych OECD*, punkt 15. Właściwi interesariusze, w tym potencjalni inwestorzy (wewnętrzni i zewnętrzni), powinni być informowani o *Wytycznych OECD*, w zależności od okoliczności.
2. Podnosić poziom świadomości w zakresie *Wytycznych OECD*, procedur ich wdrażania i samego KPK OECD, w tym poprzez współpracę, w stosownych przypadkach, z odpowiednimi agencjami rządowymi, środowiskiem biznesowym, organizacjami pracowniczymi, innymi organizacjami pozarządowymi i zainteresowanymi przedstawicielami społeczeństwa.
3. Odpowiadać na zapytania dotyczące *Wytycznych OECD* i *Wytycznych OECD w zakresie należytej staranności*, a także samego KPK OECD, w tym pytania kierowane przez:
   a) inne KPK OECD;
   b) przedstawicieli środowiska biznesowego, organizacji pracowniczych, innych organizacji pozarządowych i społeczeństwa; oraz
   c) rządów państw niebędących Państwami wdrażającymi *Wytyczne OECD*.

C. Kwestie sporne/Sprawy prowadzone przez KPK OECD (*Specific instances*)

KPK OECD, pełniąc rolę pozasądowego mechanizmu rozpatrywania skarg, przyczynia się do rozwiązywania spraw, które pojawiają się w związku z wdrażaniem *Wytycznych OECD* w przypadkach kwestii spornych (spraw prowadzonych przez KPK OECD, *specific instances*), w sposób zgodny z podstawowymi kryteriami skuteczności wymienionymi w części I.A. powyżej. KPK OECD publikują procedury postępowania w sprawach prowadzonych przez KPK OECD, które są zgodne z niniejszymi Procedurami. KPK OECD zachęca do konsultowania się ze swoimi interesariuszami przy opracowywaniu procedur postępowania w sprawach prowadzonych przez KPK OECD. KPK OECD oferuje platformę do dialogu oraz wiedzę specjalistyczną na temat *Wytycznych OECD*, aby pomóc środowiskom biznesowym, organizacjom pracowniczym, innym organizacjom pozarządowym i innym zainteresowanym stronom w rozwiązaniu spraw w sposób skuteczny i terminowy oraz zgodnie z obowiązującymi przepisami prawa i *Wytycznymi OECD*. W zależności od specyfiki każdej sprawy, pomoc ta może obejmować wspieranie konstruktywnego dialogu, ułatwianie zawierania porozumień między stronami i/lub wydawanie zaleceń. Celem pomocy ze strony KPK OECD może być kontynuacja wdrażania *Wytycznych OECD* w przyszłości i/lub przeciwdziałanie negatywnym skutkom w sposób zgodny z *Wytycznymi OECD*.

Zapewniając stronom postępowania pomoc, KPK OECD:

1. W sytuacji, gdy ze względu na specyfikę konkretnej sprawy zaangażowane są KPK OECD z innych krajów, koordynuje z nimi w dobrej wierze działania podejmowane w celu wybrania wiodącego w sprawie KPK OECD oraz KPK OECD wspierających.
2. Przeprowadza ze stronami postępowania konsultacje w zakresie rozpatrywanych kwestii i opracowuje ocenę wstępną, w której stwierdza czy sprawa zostaje przyjęta do dalszego procedowania oraz udziela w tym zakresie odpowiedzi stronom postępowania.
3. W przypadku, gdy na podstawie oceny wstępnej KPK OECD zdecyduje, że przyjmuje sprawę do dalszego rozpatrywania, KPK OECD oferuje swoje wsparcie w postaci tzw. *good ofices* (wspólne rozmowy stron postępowania przy udziale KPK OECD) w celu udzielenia zaangażowanym stronom pomocy w rozwiązaniu kwestii spornych. W tym celu KPK OECD przeprowadza konsultacje ze stronami postępowania oraz w zależności od przypadku:
   a) zwraca się o poradę do odpowiednich organów władzy i/lub przedstawicieli środowiska biznesowego, organizacji pracowniczych, innych organizacji pozarządowych i stosownych ekspertów;
   b) konsultuje się z KPK OECD każdego innego zainteresowanego Państwa wdrażającego *Wytyczne OECD* lub KPK OECD Państw wdrażających *Wytyczne OECD*, których to dotyczy;
   c) zwraca się do Sekretariatu OECD w celu uzyskania informacji na temat podobnych spraw prowadzonych przez inne KPK OECD lub zwraca się do WPRBC po wskazówki, jeśli ma wątpliwości co do interpretacji *Wytycznych OECD*. Takie informacje i wskazówki mają charakter uzupełniający, poufny i odnoszą się do konkretnej sprawy, a więc nie są równoznaczne z wyjaśnieniami interpretacji *Wytycznych OECD*, które pozostają w gestii Komitetu, zgodnie z punktem II.2c) poniżej. Z zastrzeżeniem dostępności zasobów, powinny one być przekazywane niezwłocznie w celu uniknięcia opóźnień w rozpatrywaniu sprawy;
   d) oferuje i za zgodą zaangażowanych stron ułatwia dostęp do ugodowych i niespornych środków takich jak mediacje lub postępowanie pojednawcze, aby pomóc stronom postępowania w rozwiązaniu kwestii spornych.
4. Po zakończeniu rozpatrywania sprawy i po konsultacjach ze stronami postępowania, upublicznia rezultaty postępowania, z uwzględnieniem potrzeby ochrony poufnych informacji biznesowych i innych informacji dotyczących interesariuszy, poprzez opublikowanie oceny końcowej:
   a) gdy KPK OECD zdecyduje, że rozpatrywana sprawa nie wymaga dalszego procedowania – ocena końcowa powinna opisywać co najmniej: rozpatrywane kwestie, stanowiska stron postępowania w zależności od okoliczności, działania podjęte przez KPK OECD w celu rozpatrzenia sprawy, zaangażowanie stron w postępowanie oraz powody decyzji podjętej w sprawie przez KPK OECD;
   b) gdy strony postępowania osiągną porozumienie – ocena końcowa powinno zawierać co najmniej: opis rozpatrywanych kwestii, stanowiska stron postępowania w zależności od okoliczności, działania podjęte przez KPK OECD w celu udzielenia pomocy stronom postępowania oraz datę osiągnięcia porozumienia. Informacje na temat treści

porozumienia zostaną podane wyłącznie w zakresie, w jakim wyrażą na to zgodę strony postępowania. KPK OECD może również ująć w ocenie końcowej rekomendacje dotyczące wdrażania *Wytycznych OECD*;

c) gdy nie osiągnięto porozumienia w sprawie lub w sytuacji, gdy jedna ze stron nie chce uczestniczyć w postępowaniu – ocena końcowa powinna zawierać co najmniej: opis rozpatrywanych kwestii, stanowiska stron postępowania w zależności od okoliczności, powody, dla których KPK OECD uznał, że rozpatrywana sprawa wymaga dalszego badania oraz działania podjęte przez KPK OECD w celu pomocy stronom, w tym informacje na temat zaangażowania stron w postępowanie. W stosownych przypadkach KPK OECD powinien również uwzględnić rekomendacje dotyczące wdrożenia *Wytycznych OECD*. W stosownych przypadkach ocena końcowa może również zawierać powody, dla których porozumienie nie mogło zostać osiągnięte. Jeżeli zezwalają na to obowiązujące przepisy prawa i procedury rozpatrywania spraw przez KPK OECD, KPK OECD może, według własnego uznania, w ocenie końcowej przedstawić swoje stanowisko na temat przestrzegania przez przedsiębiorstwo *Wytycznych OECD*.

W odpowiednim czasie KPK OECD zawiadomi Komitet i WPRBC o rezultatach postępowań dotyczących spraw prowadzonych przez KPK OECD.

5. W stosownych przypadkach prowadzi monitoring zakończonych postępowań (*follow-up*) dotyczący wdrażania rekomendacji wskazanych w ocenie końcowej lub postępów w realizacji zawartego w sprawie porozumienia. KPK OECD powinien opublikować notatkę z monitoringu. Wszelkie działania dotyczące etapu monitoringu, jakie KPK OECD zamierza podjąć, w tym terminy ich realizacji, powinny być także wskazane w ocenie końcowej.

6. Działa w sposób przejrzysty i informuje strony postępowania o wszystkich istotnych faktach i argumentach przedstawionych KPK OECD przez inne strony, w szczególności na etapie *good offices*. Na zasadny wniosek strony postępowania, na przykład w celu ochrony poufnych informacji i/lub interesów interesariuszy zaangażowanych w daną sprawę, KPK OECD może zachować pewne informacje w poufności względem pozostałych stron postępowania.

7. Informuje strony postępowania o tym, że nie mogą ujawniać publicznie ani osobom trzecim, w trakcie postępowania lub po jego zakończeniu, faktów ani argumentów udostępnionych przez strony postępowania lub KPK OECD (w tym, w stosownych przypadkach, przez zewnętrznego mediatora lub rozjemcę) w trakcie postępowania opisanego w punktach od 1 do 5 powyżej, chyba że strona udostępniająca informacje wyrazi zgodę na ich ujawnienie, takie fakty i argumenty zostały już udostępnione publicznie lub ich nieujawnienie byłoby sprzeczne z przepisami prawa krajowego.

8. W przypadku wystąpienia kwestii spornych w krajach niebędących Państwami wdrażającymi Wytyczne OECD, podejmuje działania w celu ich zrozumienia i postępuje zgodnie z niniejszymi Procedurami.

9. W trakcie realizacji całego procesu podejmuje wszelkie stosowne działania w ramach swoich możliwości, aby przeciwdziałać ryzyku represji wobec stron postępowania. Jeśli KPK OECD zostaną uświadomione o faktycznym lub potencjalnym przypadku represji, powinny w miarę możliwości wspierać stronę, której to dotyczy, w zapobieganiu wszelkim szkodom lub ich łagodzeniu oraz skontaktować się z odpowiednimi organami władz, w miarę możliwości w porozumieniu z osobą/-ami zagrożoną/-ymi. Administracje rządowe powinny również podjąć odpowiednie działania w celu ochrony KPK OECD i jego członków przed represjami.

D. Wsparcie wysiłków rządowych na rzecz promocji odpowiedzialnego prowadzenia działalności biznesowej

W celu zwiększenia skuteczności *Wytycznych OECD*, KPK OECD mogą, w stosownych przypadkach i we współpracy z odpowiednimi agencjami rządowymi, wspierać wysiłki swoich administracji rządowych w zakresie opracowywania, wdrażania i zwiększania spójności polityk mających na celu promowanie odpowiedzialnego prowadzenia działalności biznesowej. Udzielając takiego wsparcia lub zwracając się o nie, konieczne jest wzięcie pod uwagę zasobów i możliwości KPK OECD w zakresie wypełniania obowiązków opisanych w punkcie I.1 Decyzji.

E. Sprawozdawczość

1. Każdy KPK OECD będzie przedkładać coroczne sprawozdanie Komitetowi i WPRBC.
2. Sprawozdania powinny zawierać informacje na temat charakteru i wyników działalności KPK OECD, w tym informacje na temat prowadzonych postępowań.

F. Przeglądy KPK OECD

Państwa wdrażające *Wytyczne OECD* przeprowadzają okresowe przeglądy wzajemne swoich KPK OECD organizowane przez Sekretariat OECD w celu zwiększenia skuteczności wdrażania *Wytycznych OECD*, dzielenia się najlepszymi praktykami oraz wspierania skuteczności i równoważności funkcjonalnej KPK OECD. Zasady przeprowadzania okresowych przeglądów KPK OECD, w tym procedury przeprowadzania przeglądów, czas trwania cyklu przeglądów oraz ustalenia dotyczące finansowania są zatwierdzane przez WPRBC i poddawane weryfikacji na koniec każdego cyklu. Pierwszy cykl okresowych przeglądów wzajemnych rozpocznie się dopiero po zatwierdzeniu takich zasad.

II. Komitet Inwestycyjny, WPRBC i Sekretariat OECD

1. Komitet, WPRBC i Sekretariat OECD, zgodnie ze swoimi kompetencjami, rozpatrują wnioski KPK OECD o pomoc w prowadzeniu działalności, w tym w sytuacjach wątpliwości co do interpretacji *Wytycznych OECD* w konkretnych przypadkach.
2. Komitet, z pomocą WPRBC, dąży do zwiększenia skuteczności *Wytycznych OECD* i wspierania funkcjonalnej równoważności KPK OECD:
   a) uwzględnia roczne sprawozdania KPK OECD, wskazane w punkcie I.E powyżej. Na podstawie tych sprawozdań WPRBC publikuje coroczne oficjalne sprawozdanie analizujące działalność Krajowych Punktów Kontaktowych OECD;
   b) rozpatruje uzasadnione wnioski złożone przez Państwo wdrażające Wytyczne OECDS, organ doradczy (BIAC lub TUAC) lub OECD Watch w sprawie wypełniania przez KPK OECD swoich obowiązków w trakcie prowadzenia postępowania w kwestii spornej. Komitet zatwierdza odpowiedź w drodze konsensusu. Państwo wdrażające Wytyczne OECD, którego KPK OECD uzasadniony wniosek dotyczy, uczestniczy w procesie w dobrej wierze i oczekuje się, że przyłączy się do konsensusu, z zastrzeżeniem okoliczności o charakterze wyjątkowym;
   c) rozważa wydanie, na wniosek Państwa wdrażającego Wytyczne OECD, organu doradczego (BIAC lub TUAC) lub OECD Watch, wyjaśnienia odnośnie do interpretacji *Wytycznych OECD*. Taki wniosek może dotyczyć tego, czy KPK OECD prawidłowo

zinterpretował *Wytyczne OECD* w prowadzonych postępowaniach w kwestiach spornych, jednakże w takich przypadkach Komitet nie będzie wyciągał wniosków na temat zachowania konkretnych przedsiębiorstw;

d) wydaje zalecenia, o ile to konieczne, w celu poprawy funkcjonowania KPK OECD i skutecznego wdrażania *Wytycznych OECD*. W przypadku, gdy na podstawie ostatnich dwóch rocznych cykli sprawozdawczych i na wniosek WPRBC, Komitet stwierdzi, że dany KPK OECD przez dłuższy czas i bez uzasadnionego powodu w widoczny sposób nie funkcjonuje zgodnie z niniejszymi Procedurami, może on skierować odpowiednie zalecenia do Państwa wdrażającego Wytyczne OECD i wezwać go do złożenia sprawozdania w określonym terminie, a Komitet może powtarzać taką czynność, dopóki nie uzna, że kwestie te zostały rozstrzygnięte. Komitet i WPRBC podejmują decyzje w tych sprawach w drodze konsensusu. Państwo wdrażające Wytyczne OECD, którego KPK OECD dotyczą zalecenia, będzie uczestniczyć w procesie w dobrej wierze i oczekuje się, że przyłączy się do konsensusu z zastrzeżeniem okoliczności o charakterze wyjątkowym;

e) współpracuje z partnerami międzynarodowymi;

f) angażuje się w sprawy objęte *Wytycznymi OECD* i dotyczące ich wdrażania wraz z państwami niebędącymi Państwami wdrażającymi Wytyczne OECD.

3. Komitet i WPRBC mogą zasięgać porad ekspertów i brać je pod uwagę w kwestiach objętych *Wytycznymi OECD*. W tym celu Komitet przyjmie stosowne procedury.

4. Komitet i WPRBC wykonują swoje obowiązki w sposób skuteczny i terminowy.

5. Przy wykonywaniu swoich obowiązków Komitet i WPRBC są wspierane przez Sekretariat OECD, który zgodnie z ogólnymi wskazówkami Komitetu i WPRBC oraz z zastrzeżeniem Programu prac i budżetu Organizacji (*Programme of Work and Budget*):

   a) służy jako centralny punkt informacyjny dla KPK OECD mających pytania dotyczące promocji, interpretacji i wdrażania *Wytycznych OECD*. Informacje dotyczące interpretacji *Wytycznych OECD* są przekazywane zgodnie z punktem I.C.3c) powyżej;

   b) gromadzi i publicznie udostępnia, w tym wspierając WPRBC w publikacji rocznego sprawozdania analizującego działalność KPK OECD zgodnie z punktem II.2a) powyżej, istotne informacje na temat najnowszych trendów i pojawiających się praktyk w odniesieniu do rozwiązań instytucjonalnych KPK OECD oraz wdrażania *Wytycznych OECD* w odniesieniu do prowadzonych przez KPK OECD postępowań. Sekretariat OECD opracuje ujednolicone formaty raportowania w celu wsparcia tworzenia i utrzymywania aktualnej bazy danych dotyczących spraw prowadzonych przez KPK OECD oraz będzie przeprowadzał regularną analizę spraw umieszczonych w bazie;

   c) ułatwia działania w zakresie wzajemnego uczenia się, a także budowania potencjału i szkoleń, w szczególności dla KPK OECD nowych Państw wdrażających *Wytyczne OECD* i nowego personelu KPK OECD, w zakresie *Wytycznych OECD* i procedur ich wdrażania takich jak promocja oraz ułatwiania prowadzenia postępowania pojednawczego i mediacji;

   d) organizuje okresowe przeglądy wzajemne KPK OECD, jak wskazano w punkcie I.F powyżej;

   e) w stosownych przypadkach ułatwia współpracę między KPK OECD oraz

   f) promuje *Wytyczne OECD* na odpowiednich międzynarodowych forach i spotkaniach oraz zapewnia wsparcie KPK OECD i Komitetowi w podejmowanych wysiłkach na rzecz podnoszenia świadomości w zakresie *Wytycznych OECD* wśród państw niebędących Państwami wdrażającymi *Wytyczne OECD*.

III. Postanowienia dodatkowe

Niniejsze Procedury nie powodują powstania dodatkowych praw ani obowiązków na mocy prawa międzynarodowego.

Komentarze dotyczące Procedur wdrażania

1. Decyzja Rady stanowi zobowiązanie Państw wdrażających *Wytyczne OECD* do dalszego wdrażania zaleceń zawartych w tekście *Wytycznych OECD*. Procedury są załączone do Decyzji Rady i określają oczekiwania, zalecenia i inne wytyczne dla Państw wdrażających *Wytyczne OECD*, Krajowych Punktów Kontaktowych OECD ds. odpowiedzialnego biznesu, Komitetu Inwestycyjnego, Grupy roboczej ds. odpowiedzialnego biznesu i Sekretariatu OECD, nie powodując powstania dodatkowych praw ani zobowiązań na mocy prawa międzynarodowego. Oczekiwania są sygnalizowane za pomocą słowa „będzie" (*will*). Zalecenia są sygnalizowane przez użycie określenia „powinien" (*should*) lub „zachęca się" (*encourage*). Wskazówki są sygnalizowane zwrotem „może" (*may* lub *can*).

2. Decyzja Rady określa kluczowe obowiązki Państw wdrażających *Wytyczne OECD* w odniesieniu do KPK OECD, które można podsumować w następujący sposób:
   - ustanawianie KPK OECD i informowanie zainteresowanych stron o dostępności udogodnień związanych z *Wytycznymi OECD*;
   - udostępnianie niezbędnych zasobów ludzkich i finansowych;
   - umożliwienie KPK OECD w różnych Państwach wdrażających *Wytyczne OECD* współpracy ze sobą, o ile zachodzić będzie taka potrzeba;
   - umożliwienie KPK OECD regularnych spotkań i składania sprawozdań Komitetowi.

3. Decyzja Rady określa także obowiązki Komitetu w odniesieniu do *Wytycznych OECD*, w tym:
   - organizowanie wymiany poglądów w sprawach związanych z *Wytycznymi OECD*;
   - udzielanie wyjaśnień w razie potrzeby;
   - prowadzenie wymiany poglądów na temat działalności KPK OECD;
   - składanie Radzie OECD sprawozdań dotyczących *Wytycznych OECD*.

4. Komitet Inwestycyjny jest organem OECD odpowiedzialnym za nadzorowanie funkcjonowania *Wytycznych OECD*. Odpowiedzialność ta dotyczy nie tylko *Wytycznych OECD*, ale wszystkich elementów Deklaracji OECD (Instrumentu Krajowego Traktowania oraz instrumentów dotyczących Międzynarodowych Zachęt Inwestycyjnych oraz Międzynarodowych Środków Zniechęcania do Inwestycji oraz Wymogów Sprzecznych). Komitet dąży do zapewnienia, aby każdy element Deklaracji OECD był przestrzegany i zrozumiany, a także aby wszystkie one wzajemnie się uzupełniały i funkcjonowały w harmonii.

5. WPRBC jest organem pomocniczym Komitetu, odpowiedzialnym za przestrzeganie *Wytycznych OECD* i Decyzji. Procedury wymieniają szereg sposobów, w jakie WPRBC udziela pomocy Komitetowi, w tym poprzez wykonywanie następujących czynności:

   - opracowywanie zasad okresowych przeglądów wzajemnych KPK OECD, nadzorowanie organizowania przeglądów KPK OECD przez Sekretariat OECD oraz zatwierdzanie sprawozdań z przeglądów KPK OECD;

   - udzielanie wskazówek doradczych KPK OECD, które mają pytania dotyczące interpretacji *Wytycznych OECD* w określonych okolicznościach;

- przygotowywanie odpowiedzi Komitetu na zasadne zgłoszenia i wnioski o wyjaśnienie *Wytycznych OECD;*
- udzielanie Komitetowi porad w sprawie wydawania zaleceń Państwu wdrażającemu *Wytyczne OECD*, którego KPK OECD przestał w widoczny sposób przez dłuższy czas i bez uzasadnionego powodu funkcjonować;
- wspieranie Komitetu w rozpatrywaniu rocznych sprawozdań KPK OECD i sporządzaniu rocznego publicznego sprawozdania z działalności KPK OECD.

6. Mając na względzie rosnące znaczenie odpowiedzialnego prowadzenia działalności biznesowej również wśród państw niebędących Państwami wdrażającymi *Wytyczne OECD*, Decyzja Rady przewiduje zaangażowanie i współpracę z państwami niebędącymi Państwami wdrażającymi *Wytyczne OECD* w kwestiach objętych *Wytycznymi OECD*. Przepis ten umożliwia Komitetowi organizowanie specjalnych spotkań z zainteresowanymi państwami niebędącymi Państwami wdrażającymi *Wytyczne OECD* w celu promowania zrozumienia standardów i zasad zawartych w *Wytycznych OECD* oraz procedur ich wdrażania. Z zastrzeżeniem odpowiednich procedur OECD, Komitet może również włączać je w specjalne działania lub projekty dotyczące odpowiedzialnego prowadzenia działalności biznesowej, w tym poprzez zapraszanie ich na swoje posiedzenia.
7. Komitet współpracuje z KPK OECD i poszukuje możliwości współpracy z organami doradczymi (BIAC i TUAC), OECD Watch i innymi partnerami międzynarodowymi w celu proaktywnego promowania skutecznego wdrażania *Wytycznych OECD*. W szczególności, w ramach prac mających na celu nadzorowanie wdrażania Deklaracji OECD, Komitet, przy wsparciu WPRBC, udziela wskazówek i dąży do zwiększenia zdolności biznesu do wdrażania należytej staranności w zakresie odpowiedzialnego prowadzenia działalności biznesowej, w tym w określonych sektorach, obszarach geograficznych i obszarach ryzyka. Prowadzenie działalności biznesowej odbywa się między innymi przy zaangażowaniu wielu interesariuszy i z uwzględnieniem potrzeb małych i średnich przedsiębiorstw, we współpracy z KPK OECD. Dodatkowe wskazówki dla KPK OECD w tym zakresie podano w punkcie 21 poniżej.

I. Komentarz do procedur dotyczących KPK OECD

8. KPK OECD odgrywają ważną rolę w zwiększaniu profilu i skuteczności *Wytycznych OECD*. Przedsiębiorstwa ponoszą odpowiedzialność za przestrzeganie *Wytycznych OECD* w ramach codziennie prowadzonej działalności; jednakże administracje rządowe i działające w danych krajach KPK OECD mogą przyczyniać się do poprawy skutecznego wdrażania *Wytycznych OECD*. W tym celu uzgodniono, że gwarantowane jest lepsze ukierunkowanie organizacji i działań KPK OECD, w tym poprzez regularne spotkania i nadzór Komitetu.
9. Wiele funkcji i działań określonych części Decyzji pt. „Procedury" jest już znanych, jednakże odzwierciedlają one doświadczenia i zalecenia wypracowane na przestrzeni lat. Poprzez nadanie im jednoznacznego charakteru oczekiwane funkcjonowanie mechanizmów wdrażania *Wytycznych OECD* stało się bardziej przejrzyste. Wszystkie funkcje są obecnie przedstawione w sześciu częściach Procedur odnoszących się do KPK OECD: „Rozwiązania instytucjonalne", „Informowanie i promocja", „Kwestie sporne/sprawy prowadzone przez KPK OECD", „Wsparcie wysiłków rządowych na rzecz promowania odpowiedzialnego prowadzenia działalności biznesowej", „Sprawozdawczość" i „Przeglądy KPK OECD.

10. Powyższe sześć części poprzedza punkt wprowadzający, który definiuje podstawowy cel KPK OECD, wraz z podstawowymi kryteriami skuteczności. Choć administracje rządowe posiadają elastyczność w sposobie organizacji KPK OECD, to jednak zaleca się, by wszystkie KPK OECD funkcjonowały z równoważnym stopniem skuteczności, zdefiniowanym jako „równoważność funkcjonalna". Równoważność funkcjonalna ma kluczowe znaczenie dla skutecznego wkładu całej sieci KPK OECD we wdrażanie *Wytycznych OECD*, w szczególności w odniesieniu do pełnego zaangażowania wszystkich KPK OECD w mechanizm rozwiązywania kwestii spornych. Takie zaangażowanie wszystkich KPK OECD ma istotne znaczenie dla zaufania interesariuszy oraz pełnej skuteczności KPK OECD we wszystkich obszarach. Wszystkie KPK OECD, każdy w świetle swoich szczególnych okoliczności, dążą do zachowania równoważności funkcjonalnej poprzez osiągnięcie podstawowych kryteriów skuteczności opisanych poniżej przy wykonywaniu swoich obowiązków, co pomaga także Komitetowi i WPRBC przeglądach KPK OECD oraz omawianiu działalności KPK OECD.

Podstawowe kryteria skuteczności dla równoważności funkcjonalnej w działalności KPK OECD:

a. Widoczność

Zgodnie z Decyzją, Państwa wdrażające *Wytyczne OECD* zobowiązują się do ustanawiania KPK OECD, które będą łatwo rozpoznawalne przez interesariuszy i odpowiednie agencje rządowe w ramach danego kraju i poza nim, a także do informowania środowiska biznesowego, organizacji pracowniczych i innych stron zainteresowanych, w tym organizacji pozarządowych, o dostępności udogodnień związanych z KPK OECD we wdrażaniu *Wytycznych OECD.* Podstawowym działaniem w tym zakresie jest utworzenie dla KPK OECD strony internetowej. Oczekuje się, że administracje rządowe opublikują informacje nt. swoich KPK OECD, takie jak ich usytuowanie w strukturach administracji rządowej, rozwiązania instytucjonalne i procedury prowadzenia postępowań prze KPK OECD, a także podejmą aktywną rolę w promowaniu *Wytycznych OECD*, co może obejmować wydarzenia promocyjne oraz publikacje nt. *Wytycznych OECD.* Te wydarzenia lub publikacje mogą być przygotowywane we współpracy z przedsiębiorcami, pracownikami, organizacjami pozarządowymi i innymi zainteresowanymi stronami, choć niekoniecznie każdorazowo ze wszystkimi tymi grupami.

b. Dostępność

Łatwy dostęp do KPK OECD ma istotne znaczenie dla ich skutecznego funkcjonowania, Zagadnienie to dotyczy ułatwiania dostępu przedsiębiorcom, pracownikom, organizacjom pozarządowym i innym członkom społeczeństwa. KPK OECD powinny udzielać odpowiedzi na wszystkie zasadne wnioski o udzielenie informacji, a także być zobowiązane do rozpatrywania kwestii spornych w sposób skuteczny i terminowy. KPK OECD nie pobierają opłat za złożenie zawiadomienia, a wymogi dotyczące jego złożenia są jasno określone, łatwo dostępne i nie stanowią niepotrzebnego obciążenia. W stosownych przypadkach i współmiernie do możliwości czasowych i budżetowych, KPK OECD mogą również zapewniać bezstronną i sprawiedliwą pomoc stronom, którym jest ona potrzebna. Może ona obejmować, na przykład, pomoc językową i z zakresu tłumaczeń, udzielanie wskazówek dotyczących przedstawiania dopuszczalnych zawiadomień i angażowania się w mediacje, dopuszczanie elastyczności w odniesieniu do terminów lub zapewnianie przystępnych możliwości udziału w postepowaniu prowadzonym przez KPK OECD, np. takich jak zdalne spotkania.

c. Przejrzystość

Przejrzystość jest ważnym kryterium w odniesieniu do pozostałych podstawowych kryteriów skuteczności oraz w zdobywaniu zaufania interesariuszy, stron postępowań prowadzonych przez KPK OECD oraz ogółu społeczeństwa. Tym samym co do zasady i zgodnie z obowiązującym prawem działania KPK OECD powinna cechować przejrzystość. Przykładowo o przejrzystości KPK OECD może świadczyć publikowanie rocznych sprawozdań KPK OECD przekazywanych OECD. Niemniej jednak, w kontekście prowadzonych postępowań, KPK OECD może ustanowić poufność niektórych aspektów postępowania, zgodnie z punktem I.C.6–7 Procedur i związanym z nim Komentarzem.

d. Rozliczalność

W świetle roli pełnionej przez KPK OECD w zwiększaniu widoczności *Wytycznych OECD* oraz ich potencjału w zakresie pomocy w zarządzaniu trudnymi kwestiami między przedsiębiorstwami a społeczeństwami, w których funkcjonują, KPK OECD ponoszą odpowiedzialność za swoje działania. Parlamenty krajowe, rządy, organy doradcze KPK OECD, o ile istnieją, a także interesariusze mogą odgrywać rolę w przekazywaniu informacji zwrotnych na temat działań KPK OECD i działać jako źródło ciągłego uczenia się mającego na celu osiągnięcie poprawy wyników KPK OECD. Roczne sprawozdania i regularne spotkania KPK OECD, wzajemne uczenie się oraz przeglądy KPK OECD są okazją do wymiany doświadczeń i zachęcają do stosowania „najlepszych praktyk" w odniesieniu do KPK OECD. Komitet i WPRBC także prowadzą wymianę opinii i doświadczeń, dzięki której możliwe jest dokonanie oceny skuteczności działalności prowadzonej przez KPK OECD.

e. Bezstronność i sprawiedliwość

Bezstronność i sprawiedliwość są warunkami wstępnymi utrzymania zaufania interesariuszy, stron postępowań prowadzonych przez KPK OECD oraz ogółu społeczeństwa. W związku z tym administracje rządowe organizują KPK OECD w sposób umożliwiający im bezstronne i sprawiedliwe działanie oraz bycie postrzeganymi jako bezstronne i sprawiedliwe. KPK OECD zapewnią bezstronność w rozwiązywaniu kwestii spornych, w tym poprzez aktywne dążenie do zapobiegania i rozwiązywania potencjalnych lub domniemanych konfliktów interesów każdej osoby działającej w imieniu KPK OECD przy udzielaniu pomocy stronom postępowań prowadzonych przez KPK OECD. KPK OECD powinny także dążyć do zapewnienia, w szczególności poprzez jasne i dostępne procedury postępowania, aby strony postępowań mogły angażować się w proces na uczciwych i sprawiedliwych warunkach, na przykład poprzez dążenie do zapewnienia, aby nierównowaga sił i zasobów nie uniemożliwiła stronom skutecznego zaangażowania się w proces lub poprzez zapewnienie rozsądnego dostępu do źródeł informacji istotnych dla procedury.

f. Przewidywalność

Działania KPK OECD zapewnią jasne i publicznie dostępne informacje na temat roli KPK OECD i procedur, których KPK OECD przestrzegają w wypełnianiu swoich zadań, w szczególności w postępowaniach dotyczących kwestii spornych. Obszary, w których takie informacje powinny być dostarczane obejmują:

- prowadzenie wspólnych rozmów stron postępowań przy udziale KPK OECD (*good offices*);
- etapy procedury postępowania w kwestiach spornych, w tym orientacyjne ramy czasowe oraz kryteria oceny wstępnej;
- oczekiwania zaangażowania stron postępowań w dobrej wiarze oraz zasadę poufności postępowania;

- charakter procesu i jego możliwe rezultaty oraz
- rolę, jaką KPK OECD mogą odgrywać w monitorowaniu realizacji porozumień zawieranych między stronami lub rekomendacji formułowanych przez KPK OECD.

g. Zgodność z *Wytycznymi OECD*

KPK OECD będą działać w sposób zgodny z *Wytycznymi OECD*. Przy rozpatrywaniu kwestii spornych oznacza to w szczególności współpracę ze stronami postępowania w celu uniknięcia sytuacji, w których porozumienia byłyby sprzeczne z *Wytycznymi OECD* lub w których procedury postepowania przed KPK OECD byłyby niezgodne z Procedurami.

Rozwiązania instytucjonalne

11. Rozwiązania instytucjonalne KPK OECD umożliwią KPK OECD spełnianie podstawowych kryteriów skuteczności, utrzymanie zaufania partnerów społecznych, o ile ich to dotyczy, oraz innych interesariuszy, a także promowanie publicznego profilu *Wytycznych OECD*. Decyzja Rady i Procedury zapewniają Państwom wdrażającym *Wytyczne OECD* elastyczność w podejmowaniu decyzji dotyczących ustaleń instytucjonalnych KPK OECD, określając niektóre z różnych możliwych opcji. Wymieniają również minimalne cechy niezbędne do spełnienia tych oczekiwań, takie jak zaangażowanie kierownictwa wyższego szczebla, posiadanie wystarczających zasobów ludzkich i finansowych oraz wystarczający dostęp do wiedzy specjalistycznej w kwestiach objętych *Wytycznymi OECD*. Rządy mają swobodę w stosowaniu innej nazwy dla swoich KPK OECD, stosownie do kontekstu krajowego. Aby zwiększyć zaufanie do KPK OECD, administracje rządowe powinny konsultować z interesariuszami decyzje mogące mieć znaczący wpływ na instytucjonalne KPK OECD.
12. Niezależnie od struktury, jaką administracje rządowe wybrały dla KPK OECD, zachęca się je do ustanowienia wielostronnych organów doradczych lub nadzorczych, jeśli jest to przydatne do udzielenia KPK OECD wsparcia przy realizacji przydzielonych im zadań.
13. Odpowiednie zasoby mają zasadnicze znaczenie dla skuteczności i autorytetu KPK OECD. Zgodnie z Decyzją, Państwa wdrażające *Wytyczne OECD* są zobowiązane do zapewniania KPK OECD zasobów ludzkich i finansowych niezbędnych do skutecznego wypełniania zadań KPK OECD w sposób zapewniający wypełnienie kryteriów skuteczności. Państwa wdrażające *Wytyczne OECD* zachęca się do udostępniania takich zasobów KPK OECD, w stosownych przypadkach, w ramach specjalnego budżetu. W przypadku rotacji personelu, Państwa wdrażające *Wytyczne OECD* powinny zapewnić ciągłość pracy. Może to obejmować zapewnienie odpowiedniego szkolenia nowemu personelowi, w razie potrzeby i przy wsparciu Sekretariatu OECD oraz zachowanie pamięci instytucjonalnej.
14. KPK OECD, niezależnie od ich składu, rozwijają i utrzymują znaczące relacje oraz współpracują z przedstawicielami odpowiednich agencji rządowych, środowiska biznesowego, organizacji pracowniczych, innych organizacji pozarządowych oraz innych zainteresowanych stron w celu uzyskania aktywnego wsparcia i zaufania interesariuszy.

Informowanie i promocja

15. Funkcje KPK OECD związane z informowaniem i promocją mają zasadnicze znaczenie dla zwiększania poziomu świadomości istnienia *Wytycznych OECD* wśród interesariuszy i ogółu społeczeństwa oraz zachęcania przedsiębiorstw do działania zgodnie z *Wytycznymi OECD* i stosowania w tym celu *Wytycznych OECD dotyczących należytej staranności*.

16. KPK OECD są zobowiązane do aktywnego promowania *Wytycznych OECD* i zachęca się je do promowania w stosownych przypadkach *Wytycznych OECD dotyczących należytej staranności*, w szczególności zgodnie z zaleceniami Rady dotyczącymi takich wytycznych oraz z uwzględnieniem ich szczególnego charakteru, o którym mowa w Komentarzu do rozdziału II „Zasady ogólne", punkt 15. Przykłady działań promocyjnych obejmują dostarczanie materiałów promocyjnych interesariuszom, organizację lub udział w wydarzeniach dotyczących odpowiedzialnego prowadzenia działalności biznesowej. Promowane mogą być również wydarzenia związane z odpowiedzialnym prowadzeniem działalności biznesowej organizowane przez OECD, inne KPK OECD lub właściwe podmioty. Działania promocyjne prowadzone przez KPK OECD i związane z nimi informacje powinny być łatwo dostępne, udostępnione online i za pomocą innych odpowiednich środków, w tym w językach narodowych. Na stronie internetowej KPK OECD należy zamieścić linki do *Wytycznych OECD* i do *Wytycznych OECD dotyczących należytej staranności w zakresie odpowiedzialnego prowadzenia działalności biznesowej*. Angielska i francuska wersja językowa udostępnione przez Sekretariat OECD.

17. W stosownych przypadkach KPK OECD dążą do oferowania wyżej wymienionych działań i informowania w sposób sprawiedliwy dla zróżnicowanej i reprezentatywnej grupy odpowiednich interesariuszy. Procedury wymieniają jako przykład potencjalnych inwestorów, zarówno wewnętrznych, jak i zewnętrznych. KPK OECD zachęca się także do nawiązywania kontaktu z odpowiednimi agencjami rządowymi i sieciami dyplomatycznymi, które mogą odgrywać ważną rolę w promowaniu *Wytycznych OECD* i kreowaniu świadomości KPK OECD, w tym wśród interesariuszy w innych krajach. W zależności od kontekstu i zasobów KPK OECD mapowanie interesariuszy i plany promocyjne mogą pomóc w zwiększeniu zasięgu i wpływu działań promocyjnych KPK OECD.

18. KPK OECD powinny także przekazywać informacje o swoich zadaniach i działaniach w świetle podstawowych kryteriów skuteczności. KPK OECD powinny promować wśród odpowiednich interesariuszy, w tym, w miarę możliwości i potrzeb, potencjalnych podmiotów składających zawiadomienia w kwestiach spornych, informacje nt. roli jaką odgrywają KPK OECD w prowadzonych postępowaniach. Powinno to obejmować informacje na temat procesu, jaki strony powinny przestrzegać przy składaniu zawiadomienia w kwestii spornej lub odpowiadaniu na kwestię sporną, a także porady dotyczące informacji niezbędnych do zgłoszenia zawiadomienia w kwestii spornej, wymagania dotyczące stron postępowań prowadzonych przez KPK OECD, w tym dotyczących poufności postępowania oraz procesów i orientacyjnych ram czasowych przestrzeganych przez KPK OECD.

19. W swoich wysiłkach na rzecz zwiększania świadomości istnienia *Wytycznych OECD*, KPK OECD współpracują z wieloma różnymi organizacjami i osobami, w tym, w stosownych przypadkach, z odpowiednimi agencjami rządowymi, środowiskiem biznesowym, organizacjami pracowniczymi, organizacjami pozarządowymi i innymi zainteresowanymi stronami. Tego typu organizacje mają silny interes w promowaniu *Wytycznych OECD*, a ich sieci instytucjonalne zapewniają możliwości promocji, które, jeśli zostaną wykorzystane w tym celu, znacznie zwiększą wysiłki KPK OECD w tym zakresie.

20. Kolejnym podstawowym działaniem oczekiwanym od KPK OECD jest udzielanie odpowiedzi na uzasadnione zapytania. W tym względzie wyróżniono trzy grupy podmiotów składających takie zapytania: a) inne KPK OECD (co odzwierciedla postanowienie zawarte w Decyzji); b) środowisko biznesowe, organizacje pracownicze, inne organizacje pozarządowe i społeczeństwo oraz c) rządy krajów niebędących Państwami wdrażającymi *Wytyczne OECD*.

21. Aby wspierać Komitet i WPRBC w proaktywnym promowaniu wdrażania *Wytycznych OECD*, KPK OECD powinny utrzymywać regularny kontakt, w tym odbywać spotkania z partnerami społecznymi i innymi interesariuszami w celu:
   a) uwzględniania nowych rozwiązań i praktyk dotyczących odpowiedzialnego prowadzenia działalności biznesowej;
   b) wspierania pozytywnego wkładu przedsiębiorstw w postęp gospodarczy, społeczny i środowiskowy;
   c) uczestniczenia, w stosownych przypadkach, we wspólnych inicjatywach mających na celu identyfikację ryzyka negatywnego wpływu związanego z określonymi produktami, regionami, sektorami lub branżami oraz reagowania na takie ryzyko.

Wzajemne uczenie się

22. W uzupełnieniu do udziału w pracach Komitetu i WPRBC mających na celu zwiększenie skuteczności *Wytycznych OECD*, KPK OECD angażuje się we wspólne działania w zakresie wzajemnego uczenia się. Takie wzajemne uczenie się może odbywać się w ramach spotkań w OECD lub poprzez bezpośrednią współpracę między KPK OECD.

Przeglądy KPK OECD

23. Przeglądy KPK OECD stanowią ważny mechanizm zwiększania skuteczności wdrażania *Wytycznych OECD*, dzielenia się najlepszymi praktykami i wspierania równoważności funkcjonalnej. Jak określono w Decyzji, Państwa wdrażające *Wytyczne OECD* zobowiązują się do przeprowadzania okresowych przeglądów wzajemnych KPK OECD. Sekretariat OECD organizuje takie przeglądy KPK OECD pod nadzorem WPRBC. W ramach przeglądów KPK OECD oceniane są mocne i słabe strony KPK OECD w odniesieniu do realizacji mandatu KPK OECD oraz podstawowych kryteriów skuteczności określonych w części I. Procedur, a także, w stosownych przypadkach, formułowane są zalecenia dotyczące usprawnień.

24. Zasady przeprowadzania okresowych przeglądów KPK OECD (proces, czas trwania cyklu oceny i ustalenia dotyczące finansowania) zostaną określone w *Podstawowym szablonie przeglądów KPK OECD* (*Core Template for NCP Peer Reviews*), który zostanie zatwierdzony w drodze konsensusu przez WPRBC i opublikowany na stronie internetowej OECD. WPRBC dokona weryfikacji tego dokumentu na koniec każdego cyklu przeglądów, w szczególności w celu zapewnienia, że KPK OECD mają wystarczająco dużo czasu na przygotowanie wzajemnych przeglądów, że przeglądy KPK OECD nie stanowią nadmiernego obciążenia, są opłacalne dla rządów i KPK OECD (w tym KPK OECD wchodzących w skład Zespołu Przeglądowego) oraz że uwzględniają obciążenie pracą WPRBC i Sekretariatu OECD, a także że proces selekcji KPK OECD wchodzących w skład Zespołu Przeglądowego zapewnia wszystkim KPK OECD możliwość udziału w Zespołach Przeglądowych. Cykl okresowych przeglądów KPK OECD nie rozpocznie się przed zatwierdzeniem ww. zasad przez WPRBC.

Kwestie sporne/Sprawy prowadzone przez KPK OECD (*Specific instances*)

25. W sytuacji pojawienia się kwestii spornych związanych z wdrażaniem *Wytycznych OECD*, KPK OECD powinien pomóc w ich rozstrzygnięciu, służąc jako pozasądowy mechanizm rozpatrywania skarg. W tym kontekście KPK OECD dążą do ułatwienia dialogu między stronami i wspierania ich w poszukiwaniu wzajemnie akceptowalnych i zgodnych z *Wytycznymi OECD* rozwiązań

rozpatrywanych kwestii, ale także aktywnie wspierają taki dialog swoją wiedzą specjalistyczną na temat *Wytycznych OECD*. KPK OECD powinny także opracowywać projekty ocen końcowych w taki sposób, by zapewnić rekomendacje dotyczące rozwiązywania problemów i wdrażania *Wytycznych OECD*. *Wytyczne OECD dotyczące należytej staranności w zakresie odpowiedzialnego prowadzenia działalności biznesowej* oraz sektorowe wytyczne OECD są dla KPK OECD użytecznym źródłem informacji ułatwiającym zrozumienie i promowanie *Wytycznych OECD*, ale nie mają służyć jako jedyna podstawa do zgłaszania kwestii spornych. Każdy KPK OECD publikuje jasne i łatwo dostępne procedury postępowania dotyczące rozpatrywania spraw przez KPK OECD, uwzględniające proces rozpatrywania kwestii spornych zgodnie z niniejszymi Procedurami. KPK OECD zachęca się do opracowywania swoich procedur postępowania dotyczących rozpatrywania spraw w porozumieniu z interesariuszami.

Działanie w dobrej wierze

26. Procedura rozpatrywania spraw przez KPK OECD zakłada dobrowolność udziału stron postępowania. Od wszystkich stron biorących udział w postępowaniu oczekuje się zaangażowania w dobrej wierze. Zaangażowanie w dobrej wierze w tym kontekście oznacza terminowe udzielanie odpowiedzi, zachowanie poufności w stosownych przypadkach i postępowanie zgodnie z procedurami rozpatrywania spraw przez KPK OECD, powstrzymanie się od przedstawiania kwestii będących przedmiotem postepowania oraz przebiegu postępowania w sposób niezgodny z prawdą, w szczególności w informacjach przekazywanych do wiadomości publicznej, a także od grożenia lub podejmowania działań odwetowych wobec stron zaangażowanych w postępowanie lub wobec samego KPK OECD, a także faktyczne zaangażowanie w postępowanie w celu znalezienia zgodnego z *Wytycznymi OECD* rozwiązania rozpatrywanych kwestii spornych, w tym dokładne rozważenie każdej propozycji prowadzenia rozmów przy wsparciu KPK OECD (*good offices*) złożonej przez KPK OECD.

27. W przypadku, gdy KPK OECD otrzyma informację o wystąpieniu zagrożenia lub istnieniu represji skierowanych przeciwko osobie zaangażowanej w konkretną kwestię sporną, lub represji wobec KPK OECD, lub jednego z jego członków, KPK OECD powinien podjąć działania w ramach swoich uprawnień i w porozumieniu z innymi właściwymi podmiotami rządowymi, takimi jak misje dyplomatyczne, w określonych okolicznościach, aby zapewnić osobie zagrożonej odpowiednią ochronę oraz możliwość kontynuowania postępowania w bezpieczny, dostępny, sprawiedliwy i bezstronny sposób. Przed podjęciem jakichkolwiek działań w tym zakresie KPK OECD konsultuje się w miarę możliwości z osobą zagrożoną. Represje mogą obejmować groźby wyrządzenia krzywdy danej osobie, jej rodzinie lub innym bliskim jej osobom; groźby zakończenia stosunku zatrudnienia lub świadczeń lub groźby wszczęcia kroków prawnych. Odpowiednie działania mogą obejmować, na przykład, zachowanie w poufności tożsamości osoby zagrożonej, sugerowanie, aby osobę narażoną na ryzyko represji reprezentowała zaufana osoba trzecia, dokumentowanie prób odwetu w oświadczeniach, skontaktowanie się z odpowiednimi organami lub pomoc osobie zagrożonej w podjęciu takich działań.

28. Ponadto, aby zachować dostępność i bezstronność, administracje rządowe powinny podejmować odpowiednie działania w celu ochrony KPK OECD i jego członków przed represjami, zgodnie z prawem krajowym i w porozumieniu z właściwymi organami rządowymi. Rządy powinny wspierać działania podejmowane przez KPK OECD w celu ochrony siebie i swoich członków.

Koordynacja między KPK OECD spraw prowadzonych przez kilka KPK OECD

29. Z uwagi na to, że *Wytyczne OECD* są adresowane przez Państwa wdrażające *Wytyczne OECD* do przedsiębiorstw działających „na" lub „z" ich terytorium, KPK OECD mogą mieć do czynienia z kwestiami spornymi dotyczącymi spraw występujących w ich kraju lub alternatywnie dotyczącymi kwestii spornych odnoszących się do przedsiębiorstw mających siedzibę w ich kraju. W związku z tym niektóre kwestie sporne mogą dotyczyć KPK OECD kilku Państw wdrażających *Wytyczne OECD*, na przykład:

   - gdy kwestia sporna dotyczy różnych krajów macierzystych i przyjmujących (np. w odniesieniu do działalności przedsiębiorstwa z siedzibą w jednym Państwie wdrażającym *Wytyczne OECD*, wywierającego oddziaływanie w innym Państwie wdrażającym lub przedsiębiorstwa z różnymi siedzibami w wielu Państwach wdrażających *Wytyczne OECD*);
   - gdy kwestie sporne wskazane w konkretnej sprawie mają miejsce w kilku Państwach wdrażających *Wytyczne OECD* lub dotyczą kilku przedsiębiorstw mających siedzibę w kilku Państwach wdrażających *Wytyczne OECD*;
   - gdy ta sama kwestia sporna lub sprawy/kwestie sporne z nią powiązane (takie jak kwestie sporne dotyczące różnych przedsiębiorstw działających w ramach tego samego projektu lub w tym samym łańcuchu dostaw) są zgłaszane do kilku KPK OECD.

   W takich sytuacjach KPK OECD, które otrzymały informacje o kwestii/-ach spornej/-ych, informują i koordynują działania ze wszystkimi innymi KPK OECD, których sprawa/sprawy dotyczą, na samym początku w celu wyznaczenia KPK OECD wiodącego i KPK OECD wspierających oraz przyjęcia ustaleń koordynacyjnych.

30. Wiodącym KPK OECD jest zasadniczo KPK OECD kraju, w którym miały miejsce wydarzenia/sytuacje będące przedmiotem kwestii spornych. W niektórych sytuacjach można jednak stosować inne kryteria, np. gdy jest to konieczne, aby przyczynić się do rozwiązania wskazanych kwestii spornych lub gdy kwestie te powstały w państwie niebędącym Państwem wdrażającym *Wytyczne OECD*. Strony postępowania przed KPK OECD powinny być informowane o ustaleniach dotyczących koordynacji i konsultowane w sprawie decyzji o przekazaniu sprawy do innego wiodącego KPK OECD niż KPK OECD, do którego zostało złożone zawiadomienie w sprawie.

31. Wiodący KPK OECD jest odpowiedzialny za wszystkie aspekty postępowania w danej sprawie, a jego procedura rozpatrywania spraw będzie miała zastosowanie do postępowania w danej sprawie. W trakcie prowadzenia postępowania wspierające KPK OECD są informowane o rozwoju sytuacji i mogą udostępniać swoje zasoby, na przykład poprzez przeglądanie oświadczeń/raportów, świadczenie usług tłumaczeniowych, udział we wspólnych spotkaniach ze stronami postępowania oraz innego rodzaju pomoc praktyczną. Wspierające KPK OECD działają w dobrej wierze w celu rozwiązania danej sprawy, a wszystkie zaangażowane KPK OECD przestrzegają zachowania poufności i właściwego wykorzystania informacji i materiałów otrzymywanych od innych KPK OECD.

32. KPK OECD mogą zwracać się o pomoc, w tym propozycje rozwiązań, do Przewodniczącego WPRBC w trakcie omawiania wyboru wiodącej KPK OECD i KPK OECD wspierających oraz ustalania zasad koordynacji między nimi. Jeśli KPK OECD nie osiągną konsensusu, KPK OECD, który otrzymał/-ły zawiadomienie dotyczące kwestii spornej/-ych, powinny podjąć ostateczną decyzję w sprawie w porozumieniu z innymi KPK OECD, których to dotyczy, i regularnie informować je o postępach w sprawie.

Ocena wstępna

33. Po konsultacji ze stronami postępowania przed KPK OECD na temat kwestii spornych wskazanych w zawiadomieniu oraz, w stosownych przypadkach, koordynacji z innymi KPK OECD, których dotyczy sprawa, wyznaczeniu wiodącego KPK OECD w świetle postanowień punktów od 29 do 32 powyżej, KPK OECD dokona oceny wstępnej sprawy, stwierdzając, czy wskazane w zawiadomieniu kwestie sporne uzasadniają prowadzenie dalszego postępowania przed KPK OECD.

    Przeprowadzając tę ocenę wstępną, KPK OECD rozważa:

    - tożsamość strony zainteresowanej i jej interes w sprawie;
    - czy dana kwestia jest istotna, tj. istotna dla wdrażania *Wytycznych OECD*; oraz uzasadniona, tj. poparta wystarczającymi i wiarygodnymi informacjami;
    - czy przedsiębiorstwo jest objęte *Wytycznymi OECD*;
    - czy wydaje się istnieć związek między działalnością przedsiębiorstwa a sprawą;
    - zakres, w jakim obowiązujące prawo i/lub równoległe postępowania w sprawie ograniczają zdolność KPK OECD do przyczynienia się do rozwiązania sprawy i/lub wdrożenia *Wytycznych OECD*, w świetle postanowień punktu 35 poniżej;
    - czy zbadanie danej sprawy może przyczynić się do realizacji celów i skuteczności *Wytycznych OECD*.

34. Po przeprowadzeniu oceny wstępnej, KPK OECD udzieli odpowiedzi stronom postępowania. Jeśli KPK OECD zdecyduje, że kwestie sporne zgłoszone w zawiadomieniu nie wymagają dalszego badania, KPK OECD poinformuje strony postępowania o przyczynach swojej decyzji. Podjęcie przez KPK OECD decyzji, że sprawa wymaga dalszego rozpatrzenia, nie oznacza, że podniesione w zawiadomieniu kwestie sporne zostały ostatecznie rozpatrzone, jak również nie oznacza stwierdzenia, że przedsiębiorstwo działało zgodnie z *Wytycznymi OECD.*

Postępowania równoległe

35. Termin „postępowania równoległe" odnosi się do postępowań sądowych lub pozasądowych, krajowych lub międzynarodowych, dotyczących tych samych lub ściśle powiązanych kwestii, które mogą mieć wpływ na rozpatrywaną przez KPK OECD sprawę. Obejmuje to na przykład kwestie sporne rozpatrywane przed tym samym lub innym KPK OECD. Jeżeli postępowanie równoległe zostało przeprowadzone, jest w toku lub jest dostępne dla zainteresowanych stron, nie zagraża to możliwości zaoferowania przez KPK OECD wspólnych rozmów prowadzonych przy wsparciu KPK OECD (*good offices*). KPK OECD powinny ocenić, czy propozycja *good offices* może pozytywnie przyczynić się do rozwiązania kwestii spornych wskazanych w zawiadomieniu i/lub wdrożenia *Wytycznych OECD* w przyszłości oraz czy nie spowoduje poważnego uszczerbku dla którejkolwiek ze stron zaangażowanych w te inne postępowania lub nie doprowadzi do sytuacji obrazy sądu. Przeprowadzając taką ocenę, KPK OECD mogą wziąć pod uwagę praktykę stosowaną przez inne KPK OECD, rozważyć możliwość częściowego zaakceptowania danej sprawy do dalszego rozpatrzenia lub zawieszenia jej rozpatrywania na czas trwania postępowania równoległego oraz, w stosownych przypadkach, skonsultować się z instytucjami, w których postępowanie równoległe jest lub może być prowadzone. KPK OECD zwrócą się do stron o pomoc w rozważeniu tych kwestii, prosząc o odpowiednie informacje i opinie na temat postępowania równoległego.

Prowadzenie wspólnych rozmów stron postępowania przy wsparciu KPK OECD (*Good offices)*

36. W przypadku, gdy kwestie sporne wskazane w zawiadomieniu wymagają procedowania, KPK OECD oferuje stronom postępowania *good offices*, czyli prowadzenie wspólnych rozmów stron postępowania przy wsparciu KPK OECD w celu znalezienia rozwiązania. W ramach *good offices* KPK OECD może zasięgać porady odpowiednich władz, jak również przedstawicieli środowiska biznesowego, organizacji pracowniczych, innych organizacji pozarządowych i ekspertów, zgodnie z własnymi procedurami rozpatrywania spraw przez KPK OECD. Konsultacje z KPK OECD w innych krajach lub zasięgnięcie informacji od Sekretariatu OECD lub wskazówek od WPRBC w kwestiach związanych z interpretacją *Wytycznych OECD* mogą również pomóc w rozwiązaniu rozpatrywanych spraw.

37. W ramach *good offices* KPK OECD oferują platformę dialogu między stronami postępowania mającą na celu pomoc w rozwiązaniu rozpatrywanych kwestii spornych. Zgodnie z pozasądowym charakterem postępowania przed KPK OECD i z zastrzeżeniem zgody stron, rola KPK OECD obejmuje stworzenie warunków do dialogu i porozumienia między stronami postępowania w zakresie zobowiązania przedsiębiorstwa do dalszego wdrażania *Wytycznych OECD* w przyszłości oraz, w stosownych przypadkach, wyeliminowania, zgodnie z *Wytycznymi OECD*, negatywnych skutków, które mogły wystąpić. Ułatwiając stronom postępowania dialog, KPK OECD powinien wyjaśnić postanowienia *Wytycznych OECD* odnoszące się do poruszonych w zawiadomieniu kwestii spornych, aby wesprzeć strony postępowania w osiągnięciu porozumienia zgodnie z postanowieniami *Wytycznych OECD*.

38. W ramach *good offices* i tam, gdzie jest to istotne dla rozpatrywanych spraw, KPK OECD oferują lub ułatwiają dostęp do procesów opartych na konsensusie i niekontradyktoryjnych, takich jak mediacja lub postępowanie pojednawcze, aby pomóc stronom postępowania w rozwiązaniu rozpatrywanych kwestii spornych. Zgodnie z przyjętymi praktykami w zakresie postępowania pojednawczego i mediacji procesy te są stosowane wyłącznie za zgodą zainteresowanych stron i ich zobowiązaniem do uczestniczenia w takim postępowaniu czy mediacji w dobrej wierze. Jeśli wybraną opcją jest mediacja, KPK OECD mogą zdecydować się na przeprowadzenie mediacji samodzielnie lub zaangażować zewnętrznych mediatorów w porozumieniu ze stronami postępowania w celu przeprowadzenia lub wsparcia mediacji.

Zakończenie postępowania przed KPK OECD

39. Od KPK OECD oczekuje się zawsze upublicznienia rezultatów prowadzonych postępowań zgodnie z punktami I.C.4. i I.C.6. Procedur.

40. Gdy KPK OECD, po przeprowadzeniu wstępnej oceny, zdecyduje, że kwestie sporne wskazane w zawiadomieniu nie uzasadniają prowadzenia dalszego postępowania, po konsultacjach ze stronami postępowania oraz biorąc pod uwagę potrzebę zachowania poufności wrażliwych informacji biznesowych oraz innych informacji, KPK OECD przekaże do publicznej wiadomości odpowiednie oświadczenie. Jeżeli KPK OECD uzna, że w oparciu o rezultaty oceny wstępnej nieuczciwym byłoby publiczne wskazanie strony w oświadczeniu dotyczącym jego decyzji, może sporządzić oświadczenie w taki sposób, aby chronić tożsamość takiej strony.

41. KPK OECD może również podać do wiadomości publicznej swoją decyzję, stwierdzającą, że kwestie sporne wskazane w zawiadomieniu wymagają dalszego rozpatrzenia oraz przedstawić stronom postępowania propozycję wspólnych rozmów przy wsparciu KPK OECD (*good offices*).

42. Jeżeli strony postępowania osiągną porozumienie w sprawie, strony powinny w swoim porozumieniu określić, w jaki sposób i w jakim zakresie treść porozumienia ma zostać podana do wiadomości publicznej. W porozumieniu ze stronami KPK OECD udostępni publicznie oświadczenie zawierające opis rezultatów postępowania. KPK OECD może wydawać rekomendacje dotyczące wdrożenia *Wytycznych OECD* nawet w przypadku gdy strony osiągną porozumienie w sprawie lub gdy porozumienie stron w sprawie będzie miało charakter częściowego porozumienia.

43. Jeżeli strony postępowania nie osiągną porozumienia w sprawie czy też częściowego porozumienia w sprawie, jeżeli jedna lub obie strony wycofają się z postępowania, lub jeżeli KPK OECD stwierdzi, że jedna lub obie strony postępowania nie chcą się angażować w postępowanie lub uczestniczyć w postępowaniu w dobrej wierze, KPK OECD wyda oświadczenie i w stosownych przypadkach sformułuje rekomendacje dotyczące wdrażania *Wytycznych OECD* w odniesieniu do kwestii poruszonych w zawiadomieniu. Procedura ta jasno określa, że KPK OECD wyda oświadczenie, nawet jeśli uzna, że konkretne zalecenie nie jest wymagane. Oświadczenie powinno identyfikować strony postępowania, kwestie sporne wskazane w zawiadomieniu, datę wpływu zawiadomienia do KPK OECD, wszelkie rekomendacje KPK OECD oraz wszelkie uwagi, jakie KPK OECD uzna za stosowne do wyjaśnienia powodów, które nie pozwoliły na zawarcie porozumienia w sprawie.

44. Tam, gdzie jest to właściwe i istotne dla rozstrzygnięcia sprawy, KPK OECD może także, według własnego uznania oraz o ile zezwala na to obowiązujące prawo krajowe i procedura rozpatrywania spraw przed KPK OECD, przedstawić w ocenie końcowej swoje stanowisko na temat tego, czy przedsiębiorstwo przestrzegało *Wytycznych OECD*. W stosownych przypadkach KPK OECD może również powiadomić odpowiednie agencje rządowe o zaangażowaniu w dobrej wierze stron postępowania lub braku takiego zaangażowania oraz powinien komunikować się ze stronami postępowania w sposób przejrzysty na temat planowanych lub podejmowanych krokach w tym zakresie.

45. KPK OECD powinien umożliwić stronom postępowania zgłoszenie uwag do projektu oceny końcowej. Niemniej jednak opracowanie oceny końcowej leży w kompetencjach KPK OECD i to KPK OECD decyduje o ewentualnym uwzględnieniu uwag stron postępowania w ostatecznym dokumencie oceny końcowej.

Monitoring

46. W stosownych przypadkach KPK OECD podejmuje monitoring porozumień zawartych w wyniku postępowania przed KPK OECD lub monitoring postępów w zakresie realizacji rekomendacji wydanych przez KPK OECD w danej sprawie. Etap monitoringu sprawy może przykładowo nie występować w sprawach, w których strony postępowania nie zgodzą się na takie działanie lub uzgodnią, że rozpatrywane kwestie sporne zostały w pełni rozwiązane. Terminy monitoringu sprawy powinny zostać określone w ocenie końcowej. Monitoring może przykładowo dotyczyć prośby przedstawienia przez strony postepowania informacji nt. postępów w realizacji porozumienia lub organizacji jednego lub więcej spotkań KPK OECD ze stronami postępowania (spotkania odrębne lub wspólne) w celu oceny postępów w realizacji zobowiązań przyjętych w porozumieniu lub rekomendacji wydanych przez KPK OECD. Po przeprowadzeniu monitoringu sprawy KPK OECD powinien opublikować notatkę z monitoringu.

Przejrzystość i poufność

47. Przejrzystość jest uznawana za ogólną zasadę prowadzenia działalności przez KPK OECD (zob. punkt 10c w części zatytułowanej *Podstawowe kryteria skuteczności dla równoważności funkcjonalnej w działalności KPK OECD* powyżej). W punkcie I.C.6 Procedur uznano jednak, że istnieją szczególne okoliczności, w których zachowanie w poufności niektórych faktów i argumentów przedstawionych przez strony postępowania może być uzasadnione. Przykładowo, KPK OECD podejmuje stosowne działania w celu ochrony poufnych informacji biznesowych, takich jak tajemnice handlowe. Podobnie inne informacje, takie jak tożsamość osób zaangażowanych w postępowanie, powinny być traktowane jako poufne, na przykład jeśli ich ujawnienie naraża takie osoby lub osoby z nimi powiązane na ryzyko represji. Niemniej jednak istotne pozostaje zachowanie równowagi między przejrzystością a poufnością w celu budowania zaufania do postepowania w sprawie przed KPK OECD oraz promowania skutecznego wdrażania *Wytycznych OECD*. Uznaje się, że KPK OECD mogą być zobowiązane do przestrzegania krajowych przepisów dotyczących przejrzystości i ujawniania informacji, niezależnie od tych postanowień.

48. W odniesieniu do wymiany informacji między stronami postępowania, w interesie sprawiedliwego postępowania, KPK OECD powinien co do zasady informować strony o wszystkich istotnych faktach i argumentach przedstawionych KPK OECD przez inne strony w trakcie postępowania (w szczególności na etapie *good offices*). Jeżeli strona postępowania wystąpi z uzasadnionym wnioskiem o nieudostępnianie w całości przedstawionych informacji drugiej stronie postępowania, w szczególności w celu ochrony wrażliwych informacji biznesowych i interesów innych interesariuszy, KPK OECD powinien współpracować ze stroną przedstawiającą takie informacje w celu zredagowania wszelkich wrażliwych treści dla ułatwienia ich udostępnienia. W miarę możliwości KPK OECD powinny unikać opierania podstawowych aspektów swoich decyzji na informacjach, które nie są dostępne dla obu stron postępowania.

49. W odniesieniu do komunikacji z opinią publiczną lub stronami trzecimi w kontekście sprawy prowadzonej przez KPK OECD, zgodnie z podstawowym kryterium skuteczności, jakim jest przejrzystość, strony postępowania oraz KPK OECD mogą publicznie informować o trwającym postępowaniu, chyba że strony i KPK OECD uzgodnią inaczej. Ponadto KPK OECD zachęca się do umożliwienia stronom postępowania publicznego komunikowania na temat etapu postępowania przed KPK OECD, zgodnie z tym jak etapy postepowania zostały opisane w części I.C Procedur, w punktach 1–5 (lub do zrobienia tego samodzielnie przez strony postępowania), a także do umożliwienia stronom postępowania publikowania ich własnych wstępnych wniosków. Obie strony postępowania mogą także omawiać informacje lub dokumenty udostępnione przez drugą stronę postępowania ze swoimi doradcami, pod warunkiem, że doradcy sami nie ujawnią takich informacji. Pozostałe informacje są poufne, chyba że strony postępowania uzgodnią inaczej. W szczególności KPK OECD poinformują strony na początku postępowania, że nie mogą one w żadnym momencie ujawniać faktów i argumentów udostępnionych w trakcie postępowania przez drugą stronę lub przez sam KPK OECD (w tym, w stosownych przypadkach, przez zewnętrznego mediatora lub rozjemcę), które nie są jeszcze dostępne publicznie bez zgody, odpowiednio, drugiej strony lub KPK OECD. W interesie zapewnienia zasad postępowania przed KPK OECD, takich jak przewidywalność, zaufanie i pewność, KPK OECD mogą ubiegać się o pisemne zapewnienia stron postępowania i ich doradców w tym zakresie, a także przyjąć stosowne przepisy w swoich procedurach rozpatrywania spraw, które zachęcają do zachowania poufności informacji przedstawianych w trakcie postępowania.

Kwestie dotyczące państw niebędących Państwami wdrażającymi *Wytyczne OECD*

50. Jak wskazano w punkcie 2 rozdziału I „Koncepcje i zasady", przedsiębiorstwa zachęca się do przestrzegania *Wytycznych OECD* niezależnie od miejsca prowadzenia działalności, z uwzględnieniem szczególnych okoliczności panujących w każdym kraju przyjmującym.

- W przypadku pojawienia się kwestii związanych z *Wytycznymi OECD* w państwie niebędącym Państwem wdrażającym *Wytyczne OECD*, macierzyste KPK OECD podejmą działania w celu wyjaśnienia tej kwestii. Uzyskanie dostępu do wszystkich istotnych informacji lub zebranie wszystkich zaangażowanych stron nie zawsze jest możliwe, ale KPK OECD może nadal być w stanie prowadzić postępowania i angażować się w inne działania mające na celu ustalenie faktów. Przykłady takich działań mogą obejmować: kontaktowanie się z kierownictwem przedsiębiorstwa w kraju macierzystym oraz, w stosownych przypadkach, z ambasadami i funkcjonariuszami państwowymi w państwie niebędącym Państwem wdrażającym *Wytyczne OECD*.
- Konflikty z przepisami prawa, regulacjami, zasadami i politykami kraju przyjmującego mogą sprawić, że skuteczne wdrożenie *Wytycznych OECD* w sprawach prowadzonych przez KPK OECD będzie trudniejsze niż w Państwach wdrażających *Wytyczne OECD*. Jak zauważono w Komentarzu do rozdziału II „Zasady ogólne", w wielu przypadkach *Wytyczne OECD* wykraczają poza przepisy prawa; jednakże nie powinny one i nie mają na celu stawiania przedsiębiorstwa w sytuacji, w której znalazłoby się ono w obliczu konieczności przestrzegania sprzecznych wymogów.
- Strony postępowania przed KPK OECD muszą zostać poinformowane o ograniczeniach związanych z wdrażaniem *Wytycznych OECD* w państwach niebędących Państwami wdrażającymi *Wytyczne OECD*.
- Kwestie związane z *Wytycznymi OECD* w państwach niebędących Państwami wdrażającymi *Wytyczne OECD* mogą być również omawiane na spotkaniach KPK OECD w celu budowania wiedzy specjalistycznej w zakresie rozwiązywania problemów pojawiających się w państwach niebędących Państwami wdrażającymi *Wytyczne OECD*.

Orientacyjne ramy czasowe

51. Procedura rozpatrywania spraw przed KPK OECD składa się z pięciu różnych etapów:

    1. *Koordynacja*: W stosownych przypadkach koordynacja z innymi KPK OECD w oparciu o specyfikę sprawy w celu wyznaczenia wiodącego KPK OECD. Wstępne ustalenia koordynacyjne w celu zidentyfikowania wiodącego KPK OECD i wspierających KPK OECD powinny zostać zakończone w ciągu dwóch miesięcy od otrzymania przez KPK OECD zawiadomienia w sprawie.
    2. *Ocena wstępna i decyzja co do zaproponowania stronom postępowania wspólnych rozmów przy wsparciu KPK OECD (good offices)*: KPK OECD powinny dążyć do zakończenia oceny wstępnej w ciągu trzech miesięcy od ustalenia wiodącego w sprawie KPK OECD oraz KPK OECD wspierających, chociaż może być potrzebny dodatkowy czas na zebranie informacji niezbędnych do podjęcia świadomej decyzji lub przetłumaczenia takich informacji.
    3. *Pomoc stronom postępowania w podejmowanych przez nie wysiłkach w celu rozwiązania kwestii spornych wskazanych w zawiadomieniu*: Jeżeli KPK OECD zdecyduje się zaoferować stronom postępowania *good offices*, powinien dążyć do zapewnienia terminowego rozpatrzenia

danej sprawy. Uznając, że postępy w ramach *good offices*, w tym mediacji lub postępowania pojednawczego, ostatecznie zależą od stron postępowania, KPK OECD powinien, po konsultacji ze stronami, ustalić zasadne ramy czasowe prowadzonego postępowania. Jeżeli strony postępowania nie osiągną porozumienia w wyznaczonym terminie, KPK OECD powinien skonsultować się ze stronami, poszukując możliwości kontynuowania pomocy stronom w celu znalezienia rozwiązania; jeżeli KPK OECD dojdzie do wniosku, że kontynuacja postępowania nie będzie skuteczna, powinien zakończyć postępowanie i przystąpić do przygotowania oświadczenia.

4. *Zamknięcie postępowania:* KPK OECD powinien dążyć do wydania oceny końcowej w ciągu trzech miesięcy od dnia zakończenia postępowania.
5. *Monitoring:* KPK OECD może ustalić własny harmonogram prowadzenia monitoringu sprawy w porozumieniu ze stronami postępowania.

52. Zgodnie z ogólną zasadą, KPK OECD powinny dążyć do zakończenia postępowania w ciągu 12 miesięcy (w przypadku spraw koordynowanych, w których jest potrzeba ustalenia KPK OECD wiodącego w sprawie, termin ten wynosi 14 miesięcy) od dnia otrzymania przez KPK OECD zawiadomienia w sprawie. Okres ten może zostać wydłużony, jeśli wymagają tego okoliczności sprawy. Tego typu przypadki obejmują między innymi sytuacje, w których kwestie sporne powstają w państwie niebędącym Państwem wdrażającym *Wytyczne OECD* w przypadku, gdy sprawa dotyczy wielu przedsiębiorstw, wielu podmiotów składających zawiadomienie do KPK OECD oraz wielu KPK OECD lub gdy konieczne są tłumaczenia. W każdym przypadku, w którym spodziewane są opóźnienia lub gdy wystąpią one przy rozpatrywaniu konkretnej sprawy, KPK OECD powinien poinformować o tym strony postępowania w odpowiednim czasie, tak aby postępowanie pozostało przewidywalne dla stron postępowania. Zgodnie z procedurami rozpatrywania spraw, KPK OECD może zdecydować się na publikowanie aktualnych informacji na temat statusu prowadzonych postępowań.

Składanie sprawozdań do WPRBC i Komitetu Inwestycyjnego

53. Sprawozdawczość jest ważnym obowiązkiem KPK OECD, który pomaga także w budowaniu bazy wiedzy i podstawowych kompetencji w zakresie zwiększania skuteczności *Wytycznych OECD*. W związku z tym KPK OECD przedkładają roczne sprawozdania WPRBC i Komitetowi Inwestycyjnemu w celu uwzględnienia w rocznym raporcie na temat *Wytycznych OECD* informacji dotyczących wszystkich postępowań prowadzonych przez KPK OECD. WPRBC przekazuje Komitetowi analizę rocznych sprawozdań KPK OECD w celu uwzględnienia ich w rocznym raporcie na temat *Wytycznych OECD*. Roczne sprawozdania KPK OECD powinny obejmować informacje na temat postępowań prowadzonych przez KPK OECD na wszystkich etapach postępowania (etap koordynacji i wyboru wiodącego KPK OECD, etap oceny wstępnej, etap prowadzenia wspólnych rozmów stron postępowania przy wsparciu KPK OECD (*good offices*), etap zakończenia postępowania oraz etap monitoringu). Składając sprawozdania z działań podjętych przez KPK OECD w prowadzonych przez KPK OECD sprawach, KPK OECD przestrzegają zasad przejrzystości i poufności określonych w punkcie I.C Procedur, punkty 6–7 oraz w swoich procedurach rozpatrywania spraw.

Wsparcie wysiłków rządowych na rzecz promocji odpowiedzialnego prowadzenia działalności biznesowej

54. Decyzja Rady uznaje wsparcie, jakie KPK OECD mogą zapewnić w zakresie opracowywania, administrowania i spójności polityk i programów rządowych promujących odpowiedzialne prowadzenie działalności biznesowej, w stosownych przypadkach i w porozumieniu z odpowiednimi agencjami rządowymi. W szczególności KPK OECD mogą wspierać dostosowanie wszelkich takich wysiłków do *Wytycznych OECD* i przyczyniać się do utrzymania ich pozycji jako międzynarodowego standardu odpowiedzialnego prowadzenia działalności biznesowej, a także innych instrumentów OECD i wskazówek wynikających z *Wytycznych OECD*, takich jak wytyczne OECD dotyczące należytej staranności.

55. Istnieją różne sposoby wspierania organów rządowych przez KPK OECD w wysiłkach podejmowanych w celach opracowywania, wdrażania i zapewniania spójności polityk promujących odpowiedzialne prowadzenie działalności biznesowej, w zależności od kontekstu. Po pierwsze, KPK OECD zachęca się do informowania odpowiednich agencji rządowych poprzez udostępnianie im oświadczeń i sprawozdań, a także innych danych, ankiet i opracowań, jeśli KPK OECD uzna, że są one istotne dla polityki i programów poszczególnych agencji, takich jak rzecznictwo handlowe, dyplomacja gospodarcza lub inne wsparcie i usługi na rzecz przedsiębiorstw. Po drugie, Państwa wdrażające *Wytyczne OECD* uznały za przydatne zaangażowanie KPK OECD przy opracowywaniu i wdrażaniu polityk lub programów takich jak krajowe plany działania w zakresie odpowiedzialnego prowadzenia działalności biznesowej i/lub krajowe plany działania dotyczące praw człowieka w biznesie. Postanowienie to nie zmienia dobrowolnego charakteru *Wytycznych OECD*, a wszelkie wsparcie udzielane lub wymagane przez KPK OECD powinno uwzględniać jego możliwości i priorytety oraz nie powinno ograniczać jego zdolności do wykonywania obowiązków opisanych w Decyzji Rady i Procedurach.

II. Komentarz do procedur Komitetu Inwestycyjnego, WPRBC i Sekretariatu OECD

56. Procedury do Decyzji Rady zawierają dodatkowe wskazówki dla Komitetu, WPRBC i Sekretariatu OECD w zakresie wykonywania swoich obowiązków, w tym:
    - wykonywanie obowiązków w sposób efektywny i terminowy;
    - rozpatrywanie wniosków KPK OECD o pomoc, w tym w formie udzielania wyjaśnień, wskazówek i informacji na temat interpretacji *Wytycznych OECD* w sprawach prowadzonych przez KPK OECD;
    - wymiana poglądów na temat działalności KPK OECD;
    - zapewnienie możliwości korzystania z usług doradztwa międzynarodowych partnerów i ekspertów.

57. Niewiążący charakter *Wytycznych OECD* wyklucza działanie Komitetu jako organu sądowego lub quasi-sądowego. Ustalenia w sprawach oraz oświadczenia wydane przez KPK OECD (inne niż interpretacje *Wytycznych OECD*) nie powinny być kwestionowane poprzez skierowanie sprawy do Komitetu. Postanowienie, że Komitet nie będzie wyciągać wniosków na temat zachowania poszczególnych przedsiębiorstw, zostało utrzymane w samej Decyzji Rady.

58. Sekretariat OECD i WPRBC rozpatrują wnioski KPK OECD o pomoc w przypadku wątpliwości co do interpretacji *Wytycznych OECD* w prowadzonych przez KPK OECD bieżących postępowaniach. W takich sytuacjach KPK OECD powinny w pierwszej kolejności skontaktować się z Sekretariatem OECD w celu uzyskania informacji dotyczących interpretacji *Wytycznych*

OECD w podobnych sprawach. Jeżeli takie informacje nie są dostępne lub są niewystarczające, aby pomóc KPK OECD, lub Sekretariat OECD nie jest w stanie pomóc, KPK OECD może zwrócić się o wskazówki do WPRBC. Wnioski takie będą rozpatrywane w sposób poufny i, w miarę dostępności zasobów, w trybie pilnym. Aby przyspieszyć rozpatrywanie wniosków o wskazówki, WPRBC może organizować spotkania *ad hoc* lub powołać podgrupę w celu odpowiadania na takie wnioski. W takiej sytuacji WPRBC opracuje procedury, których taka podgrupa będzie przestrzegać. Informacje dostarczane przez Sekretariat OECD i wskazówki udzielane przez WPRBC są poufne, dotyczą kwestii spornych i mają charakter doradczy. Sekretariat OECD regularnie składa sprawozdania WPRBC, a WPRBC regularnie składa sprawozdania Komitetowi w kwestiach dotyczących wniosków o informacje i wskazówki, oraz na temat udzielonych w tym zakresie odpowiedzi, z należytym uwzględnieniem poufności. Jeśli WPRBC uzna, że kwestia, w odniesieniu do której zwrócono się o wskazówki, wymaga wyjaśnienia interpretacji *Wytycznych OECD*, zwróci się do KPK OECD o złożenie do Komitetu wniosku zgodnie z postanowieniami punktu II.2c Procedur.

59. Wyjaśnienia dotyczące interpretacji *Wytycznych OECD* zgodnie z punktem II.2c Procedur pozostają kluczową odpowiedzialnością Komitetu w celu zapewnienia, że interpretacja *Wytycznych OECD* nie różni się w zależności od kraju. Wniosek o wyjaśnienie może zostać złożony przez Państwo wdrażające Wytyczne OECD, organ doradczy (BIAC lub TUAC) lub OECD Watch, w tym w odniesieniu do tego, czy KPK OECD prawidłowo zinterpretował *Wytyczne OECD* lub czy było to prawidłowo poprzednio zinterpretowane przez Komitet w odniesieniu do zakończonego postępowania. Wyjaśnienia Komitetu są przygotowywane przez WPRBC przy wsparciu Sekretariatu OECD, zgodnie z procedurami określonymi przez Komitet oraz są publikowane na stronie internetowej OECD. Komitet Inwestycyjny przy wydawaniu wyjaśnień nie formułuje wniosków na temat zachowania poszczególnych przedsiębiorstw, a od KPK OECD w rezultacie otrzymanego wyjaśnienia nie oczekuje się ponownego otwarcia danego postępowania w sprawie.

60. Omawiając działalność KPK OECD, Komitet może w razie potrzeby wydawać zalecenia mające na celu poprawę ich funkcjonowania, w tym w odniesieniu do skutecznego wdrażania *Wytycznych OECD* oraz w celu rozwiązania wszelkich sytuacji, w których KPK OECD przestanie funkcjonować. W szczególności Komitet może stwierdzić, na podstawie dwóch ostatnich rocznych cykli sprawozdawczych KPK OECD i na wniosek WPRBC, że dany KPK OECD przez dłuższy czas i bez uzasadnionego powodu w widoczny sposób nie funkcjonuje zgodnie z niniejszymi Procedurami. Stwierdzenie takie może opierać się przykładowo na powtarzającym się braku przydzielenia KPK OECD zasobów niezbędnych do wywiązania się z zadań przez KPK OECD lub na wyraźnie nieodpowiednich rozwiązaniach instytucjonalnych, lub na braku działań promocyjnych czy też na powtarzających się i znacznych nieuzasadnionych opóźnieniach w rozpatrywaniu spraw przez KPK OECD, lub wynikać z braku sprawozdawczości. Komitet może następnie wydać zalecenia dla kraju, w którym funkcjonuje dany KPK OECD, i wezwać go do złożenia sprawozdania z działań wdrożeniowych przeprowadzonych w wyznaczonym terminie oraz wydać dodatkowe zalecenia w przypadku, gdy z takie sprawozdanie nie jest satysfakcjonujące dla Komitetu i nie potwierdza, że KPK OECD funkcjonuje w sposób zgodny z Procedurami. Komitet może zwrócić się do Sekretariatu OECD o udzielenie Państwu wdrażającemu *Wytyczne OECD* pomocy we wdrożeniu zaleceń. Państwo wdrażające *Wytyczne OECD*, którego KPK OECD to dotyczy, powinno uczestniczyć w procesie w dobrej wierze i oczekuje się, że przyłączy się do konsensusu, z wyjątkiem okoliczności określonych przez to państwo.

61. Komitet rozpatrzy także uzasadniony wniosek Państwa wdrażającego *Wytyczne OECD*, organu doradczego (BIAC lub TUAC) lub OECD Watch, stwierdzający że dany KPK OECD nie wywiązał się ze swoich obowiązków proceduralnych w zakresie wdrażania *Wytycznych OECD* w prowadzonym przez KPK OECD postępowaniu. Odpowiedź Komitetu zostanie przygotowana przez WPRBC przy wsparciu Sekretariatu OECD zgodnie z procedurami ustalonymi przez Komitet. Odpowiedź ta jest zatwierdzana w drodze konsensusu. Państwo wdrażające *Wytyczne OECD*, którego KPK OECD jest przedmiotem uzasadnionego wniosku, powinno uczestniczyć w procesie w dobrej wierze i oczekuje się, że przystąpi do konsensusu, z wyjątkiem wyjątkowych okoliczności określonych przez to państwo. Komitet umożliwi Państwu wdrażającemu *Wytyczne OECD* wyrażenie opinii na temat uzasadnionego wniosku przed podjęciem decyzji, a także może wezwać Państwo wdrażające *Wytyczne OECD* do złożenia sprawozdania z wdrożenia wszelkich zaleceń w ciągu 12 miesięcy od dnia udzielenia odpowiedzi.

62. W celu zaangażowania państw niebędących Państwami wdrażającymi *Wytyczne OECD* w kwestie objęte *Wytycznymi OECD*, Komitet może zaprosić zainteresowane państwa niebędące Państwami wdrażającymi *Wytyczne OECD* na swoje posiedzenia, coroczne okrągłe stoły poświęcone odpowiedzialności korporacyjnej oraz spotkania dotyczące konkretnych projektów z zakresu odpowiedzialnego prowadzenia działalności biznesowej.

63. Wreszcie, Komitet i WPRBC mogą wyrazić wolę zwrócenia się do ekspertów o wyrażenie opinii i sporządzenie sprawozdania na temat obszerniejszych zagadnień (na przykład pracy dzieci lub praw człowieka) lub pojedynczych zagadnień, lub o poprawę skuteczności proceduralnej. W tym celu Komitet może zwrócić się o opinię do ekspertów wewnętrznych OECD, organizacji międzynarodowych, organów doradczych (BIAC i TUAC), OECD Watch, organizacji pozarządowych, naukowców i innych. Organy te nie mogą jednak stać się panelem rozstrzygającym poszczególne zagadnienia.

www.ingramcontent.com/pod-product-compliance
Lightning Source LLC
LaVergne TN
LVHW082046051026
849532LV00011B/3493
* 9 7 8 9 2 6 4 3 3 8 7 3 9 *